HOMOSEKSUALITEIT EN WIJDING
HOMOSEXUALITY AND HOLY ORDERS
Monsignor W. Onclin Chair 2006

KATHOLIEKE UNIVERSITEIT LEUVEN
Faculteit Kerkelijk Recht
Faculty of Canon Law

HOMOSEKSUALITEIT EN WIJDING
JURIDISCHE EN MAATSCHAPPELIJKE ANALYSE VAN DE KERKELIJKE INSTRUCTIE

HOMOSEXUALITY AND HOLY ORDERS
JURIDICAL AND SOCIAL ANALYSIS OF THE ECCLESIASTICAL INSTRUCTION

Monsignor W. Onclin Chair 2006

UITGEVERIJ PEETERS
LEUVEN
2008

ISBN 978-90-429-2009-5
D.2008/0602/131

INHOUDSTAFEL / TABLE OF CONTENTS

R. TORFS, Instructie of intrusie? 1

R. TORFS, Instruction or Intrusion? 13

A. VAN DER HELM, Affectieve rijpheid: de juridische toepasbaarheid van een psychologisch begrip 25

A. VAN DER HELM, Affective Maturity: The Juridical Applicability of a Psychological Concept 39

A. BEYNE, Homoseksualiteit vanuit psychiatrisch oogpunt: ethische reflecties 51

A. BEYNE, Homosexuality from a Psychiatric Point of View: Ethical Reflections 67

B. DE COCK, O.P., Over homoseksualiteit 83

P. COERTZEN, The Dutch Reformed Church (South Africa) and Homosexuality 101

R.G.W. HUYSMANS, Over homoseksualiteit en wijding 113

Debat 115

INSTRUCTIE OF INTRUSIE?

RIK TORFS

INLEIDING

Op 29 november 2005 verscheen de lang in de pers aangekondigde Vaticaanse instructie over homoseksuele priesterkandidaten[1]. Deze instructie houdt een verstrakking in tegenover het bestaande recht met betrekking tot de toelating van kandidaten tot de priesteropleiding en -wijding. Inderdaad staat te lezen "dat de kerk, terwijl ze betroffen personen ten diepste respecteert, niet diegenen tot het seminarie en tot de gewijde ordes kan toelaten die de homoseksualiteit praktiseren, diep ingewortelde homoseksuele neigingen vertonen, of de 'gay culture' ondersteunen." De instructie leidde, in een tijd en een samenleving die zowel het gelijkheidsbeginsel als de bescherming van de privacy zeer genegen zijn, tot erg uiteenlopende reacties. Terwijl een aantal bisschoppen uit de Westerse wereld probeerde duidelijk te maken dat de instructie niets aan de bestaande toelatingscriteria veranderde en dat het voor priesterkandidaten blijft volstaan om het celibaat te onderhouden[2], voelden andere gelovigen zich door de instructie in het kruis getast[3]. Zij voerden aan dat de homoseksuele geaardheid, die door de kerk wordt geaccepteerd zolang ze niet in de praktijk wordt omgezet, nu toch, bij de toelatingsvoorwaarden tot het priesterschap, negatieve gevolgen teweegbrengt. De reden daarvoor staat in de instructie zelf te lezen: homoseksuelen bevinden zich in een situatie die hen ernstige hinder oplevert bij het zich correct gedragen tegenover zowel mannen als vrouwen.

Over de inhoud van de instructie spreek ik mij in deze bijdrage, tenzij kort aan het slot ervan, niet uit. Ik wil elke vorm van polemiek vermijden en laat mij derhalve uitsluitend in met een zuiver juridisch-technische vraag.

1 Congregatio de Institutione Catholica, *Instructio circa criteria ad vocationes discernendas eorum qui inclinantur ad homosexualitatem, intuitu eorundem admissionis ad Seminarium et ad Ordines Sacros*, 29 november 2005, *AAS*, 2005, 1007-1016.

2 Dit was het standpunt van zowel de bisschoppenconferentie van Zwitserland als van de Belgische kardinaal Danneels.

3 Er is ook een derde weg mogelijk. Die werd beschreven door de voormalige magister van de Dominicanen, Timothy Radcliffe. Hij toonde zich een voorstander van de interpretatie van de instructie die niet al te strikt is. Cf. *Tertio*, 7 december 2005, 6.

Deze vraag luidt als volgt: hoe komt het dat de kerkelijke overheid de laatste tijd, en meer bepaald in dit concrete geval, gebruik maakt van de juridische techniek van de instructie om kerkrechtelijk de puntjes op de i te zetten? In een eerste hoofdstuk ga ik in op de mogelijkheden en grenzen van de instructie als juridische figuur in het raam van het vigerende kerkelijk recht. In een tweede hoofdstuk wordt nagegaan of het aanwenden van deze canonieke techniek rechtstreekse consequenties heeft op het terrein van de verhoudingen tussen de katholieke kerk en de profane rechtsorde.

HOOFDSTUK I: DE INSTRUCTIE ALS JURIDISCHE TECHNIEK

Wat is een instructie? Deze vraag krijgt een eenvoudig antwoord in canon 34 §1: "Instructies, die namelijk de voorschriften van wetten verklaren en de wijzen die bij de uitvoering ervan in acht moeten worden genomen, ontwikkelen en bepalen, worden gegeven ten gebruike van hen wier taak het is te zorgen dat de wetten ten uitvoer worden gebracht, en verplichten hen bij de uitvoering van de wetten; ze worden wettig uitgevaardigd door hen die uitvoerende macht bezitten, binnen de grenzen van hun bevoegdheid."

Een instructie heeft dus twee belangrijke kenmerken. Vooreerst is zij geen wetgevend document, maar gaat zij uit van wie uitvoerende macht bezit. Vervolgens is de instructie niet gericht tot het grote publiek, maar tot personen wier taak het is de wetten ten uitvoer te brengen. Zeer vaak zullen dat de bisschoppen zijn. In principe zijn het alleen deze personen die door een instructie gebonden zijn. Maar op hun beurt hebben zij, als uitvoerders, natuurlijk wel de bevoegdheid om hun rechtsonderhorigen te binden[4].

Een vraag die bij dit alles rijst, is de volgende. Waarom gebruikt de kerkelijke overheid een instructie, terwijl ze net zo goed, en vanuit een theoretisch oogpunt zelfs beter, een universele wet zou kunnen uitvaardigen? Of, anders uitgedrukt, waarom is de instructie als canonieke techniek zo populair? Het antwoord is subtiel. Natuurlijk zou de paus een nieuw wet kunnen uitvaardigen. Hij kan zelfs normen die van het huidige

[4] De juridische natuur van de instructie is een vraag die niet genoeg kan worden gesteld, omdat het gaat om een techniek die de laatste decennia steeds meer in zwang is geraakt. Zie hierover TORFS, R.,"Het Vaticaan overschrijdt de eigen wetten. Nauwkeurige lezing van de nieuwste instructie van kardinaal Ratzinger laat zien hoe hij op subtiele wijze terreinwinst boekt", *De Bazuin*, 7 augustus 1992, 10-11. Voor een oude maar schitterende analyse, zie ook URRUTIA, F.X., "Decreti, precetti generali e istruzioni", *Apollinaris*, 1979, 399-415.

kerkelijk wetboek deel uitmaken buiten werking stellen en vervangen door anderen. Maar de praktijk sinds 1983 wijst uit dat de hoogste autoriteit in de Kerk voor een dergelijke ingreep terugdeinst. Zoals kerkjuristen weten, werd de CIC 1983 nog maar één keer gewijzigd. Codices wijzig je niet in een handomdraai. Bovendien zou het psychologisch niet zo gemakkelijk liggen om een nieuwe wet uit te vaardigen waarin de rechten van bepaalde personen enger worden geïnterpreteerd dan voorheen het geval was. De wetgever heeft er geen belang bij de indruk te wekken dat de binnenkerkelijke tolerantie ten aanzien van homoseksualiteit afneemt. Want dat is, zoveel is duidelijk, wèl het geval: kuise homoseksuelen die vroeger in principe voor het priesterschap in aanmerking kwamen, vallen sinds de recente instructie uit de boot. Het is dus beter geen nieuwe wet uit te vaardigen die de verstrakking pijnlijk helder blootlegt, maar het nieuwe beleid een laag profiel te verschaffen. Dat kan door het uit te werken op het niveau van de uitvoerende macht.

Op het eerste gezicht rijst hier een probleem. Als de wet blijft wat zij is, moet de uitvoerende macht zich daar dan niet naar plooien? Dient elk document van de uitvoerende macht niet angstvallig binnen de contouren van het wetgevende kader te blijven? Bij een eerste aanblik is dat inderdaad het geval. En de gevolgen ervan zijn hard, omdat de uitvoerende macht zich zowel aan de wettekst zelf als aan zijn interpretatie moet houden. Hoe een wet moet worden geïnterpreteerd, blijkt uit de canones 16 tot 18 van de huidige Codex. Zeer in het bijzonder springt daarbij canon 18 in het oog: "Wetten die een straf bepalen of de vrije uitoefening van rechten beperken of een uitzondering op de wet bevatten, zijn aan strikte interpretatie onderworpen." Deze bepaling heeft nogal wat consequenties. Zij betekent bijvoorbeeld dat clerici over een recht op privacy genieten, overeenkomstig canon 220, dat niet zomaar kan worden ingeperkt. Weliswaar zegt canon 223 §2 dat het de kerkelijke overheid toekomt om, met het oog op het algemeen welzijn, de uitoefening van de rechten die de christengelovigen eigen zijn, te regelen, maar dat betekent niet dat die rechten zomaar kunnen worden ingeperkt. *Moderari*, regelen, is het woord dat in de authentieke Latijnse tekst wordt aangewend. Deze regeling mag dus niet in een inperking uitmonden, want dan lijkt ze nauwelijks nog met canon 18, toch een algemene bepaling constitutief voor heel de canonieke rechtsorde, verenigbaar.

De strakke interpretatie die geldt ten opzichte van wetten, geldt ook voor algemene decreten. Canon 29 is hierover duidelijk: ze zijn in eigelijke zin wetten en vallen onder de voorschriften die van de canones die daarover handelen. Administratieve beschikkingen voor afzonderlijke gevallen zitten in een vergelijkbare situatie. Canon 36 §1 bepaalt hierover dat administratieve besschikkingen die rechten van een persoon beperken, verworven rechten van anderen schenden of die in strijd zijn met een wet ten voordele van privé-personen, aan strikte interpretatie onderworpen zijn.

Slechts twee soorten van documenten werden voorlopig buiten beschouwing gelaten. Het gaat om twee instrumenten die tot de uitvoerende macht behoren, namelijk algemene uitvoeringsdecreten en instructies.

Met betrekking tot de algemene uitvoeringsdecreten bepaalt canon 33 §1 dat ze niets afdoen aan wetten, in het Latijn *non derogant*, en in zover hun voorschriften in strijd zijn met wetten, missen ze alle kracht. Op de exacte draagwijdte van deze bepaling ga ik niet nader in.

Op het terrein van de instructie is canon 34 §2 richtinggevend. Deze bepaling wordt als volgt geformuleerd: "De bepalingen van instructies doen niets af aan wetten en als er zijn die niet met de voorschriften van wetten in overeenstemming kunnen worden gebracht, missen deze alle kracht." Wat betekent deze tekst heel concreet?

Herbert Socha zegt duidelijk dat een instructie niet in tegenspraak mag zijn met een bestaande wet[5]. De auteur ontwaart hier, ondanks de verschillende formulering, geen verschil met het statuut van het algemeen uitvoeringsdecreet. Heribert Schmitz voegt eraan toe dat de eisen nog strenger zijn: ook het hele speelveld van de instructie *praeter legem* zou voor de instructie verboden terrein zijn[6]. Hierover kan discussie bestaan. Wat door de instructie naast de wet wordt gezegd, beperkt de vrije zone die de wetgever creëert door niet te legifereren. Maar de strijdigheid is misschien strikt genomen geen strijdigheid met de wet, maar strijdigheid met het stilzwijgen van de wetgever. Canon 34 § 2 heeft het trouwens uitdrukkelijk over de *praescriptis* van de wet, haar voorschriften. De vraag is dan: kan wat niet geschreven is een voorschrift zijn? In enge zin niet, de wetgever bepaalt niets. In ruime, systematische zin wel: het spiegelbeeld van de stilte die de wetgever aan de dag legt, is een recht in hoofde van de onderhorige. Het doorbreken van de stilte door een uitvoerder is het schenden van een recht. Kortom, ik denk dat Schmitz, in navolging van Hans Heimerl overigens[7], gelijk heeft. Maar de praktijk is vaak

[5] SOCHA, H., "Instruktionen. Begriff, Gesetzesgebung un Erlöschen", in LÜDICKE, K., *Münsterischer Kommentar zum Codex Iuris Canonici*, Essen, Ludgerus, s.d., 34/5 en 34/6.

[6] SCHMITZ, H., "'Professio fidei' und 'Iusiurandum fidelitatis'. Glaubensbekenntis und Treueid, Wiederbelebung des Antimodernistieneides?", *Archiv für katholisches Kirchenrechts*, 1990, 395.

[7] HEIMERL, H., "Die Bindung der Verwaltung an das Gesetz in CIC 1983", in POTOTSCHNIG, F. en RINNERTHALER, A. (ed.), *Im Dienst von Kirche und Staat. In memoriam Carl Höllerbach*, Wenen, Styria, 1985, 428-429.

anders, de instructie vult af en toe wel degelijk de stilte op die de wetgever laat.

Neem nu de instructie die de Congregatie voor de Geloofsleer geleid door kardinaal Joseph Ratzinger in 1992 uitvaardigde over theologische publicaties[8]. Eén voorbeeld maar. Canon 822 § 3 bepaalt dat "alle gelovigen, bijzonder zij die op een of andere wijze deelhebben aan de organisatie of het gebruik van de sociale communicatiemiddelen, er zorg voor dienen te dragen hulp te bieden bij het pastorale werk." Deze algemene, op het eerste gezicht ongevaarlijke norm fungeert in de instructie als legale basis voor de heel wat verder reikende artikelen 14 en 15. Daarin worden gelovigen verplicht te vermijden mee te werken aan publicaties die tegen geloof en zeden indruisen. En katholieke uitgevers worden aangemaand geen geschriften te publiceren die geen kerkelijke goedkeuring hebben verkregen indien die wel was vereist.

Gaat de instructie hier letterlijk tegen de wet, *in casu* canon 822 § 3, in? Neen. Bestrijkt zij een terrein dat zich *praeter legem* bevindt en voert zij zo indirect tot een beperking van rechten? Zonder meer ja. De congregatie doet hier iets wat van Heribert Schmitz niet mag. Eigenlijk zou de instructie op dit terrein, geheel in overeenstemming met canon 34 § 2, alle kracht moeten missen.

Maar de instructie bezit nog meer verborgen subversieve kracht. Er staat nergens in de Codex hoe de instructie moet worden geïnterpreteerd. En dat moet ze ook niet: het enige wat ze wel moet doen, staat in canon 34 § 2 te lezen: ze moet in overeenstemming worden gebracht met de voorschriften van de wet. In plaats van een interpretatie op een intrinsieke basis, krijgen we een harmonisatie op een extrinsieke basis, namelijk gesteund op een lectuur van de wet. En, en dat is een beetje explosief, misschien geldt wel hetzelfde voor de wet. Die moet, in haar relatie met de instructie, niet volgens de vrij strikte interpretatiecriteria van de algemene normen worden geïnterpreteerd, maar wel met het oog op cohesie met de instructie die de wet in de praktijk wil brengen. Anders uitgedrukt, de wet en de instructie moeten allebei zo worden geïnterpreteerd dat ze één geheel vormen. Enerzijds fungeert de wet als richtsnoer voor de instructie. Anderzijds zorgt de instructie ervoor dat de diepere betekenis van de wet wordt onthuld. De wet stuurt de instructie, maar de instructie, die weliswaar de tekst van de wet onverlet laat, kleurt haar interpretatie die daardoor aan de traditionele toepassing van de algemene

[8] Congregatio de Doctrina Fidei, *Instructio quoad aliquos adspectus usus intrumentorum communicationis socialis in doctrina fidei tradenda*, 30 maart 1992, *Communicationes*, 1992, 18-27; *AAS*, 1992, 447-468.

normen wordt onttrokken. Dat is misschien een gewaagde thesis. Maar de terminologie die canon 34 hanteert, laat alleszins ruimte voor enige dubbelzinnigheid. In het Latijn staat er *componi*, in overeenstemming worden gebracht. De term *componere* wijst eerder op een wederzijdse afstemming van twee verschillende teksten op elkaar, dan op een louter zwichten van één tekst (de instructie) voor de andere (de wet).

Als deze interpretatie klopt, biedt de instructie een uitstekende uitweg om een wet minder rigide te interpreteren dan de algemene normen van de CIC 1983 voorschrijven. Wat een loutere interpretatie van de wet niet lukt, kan wel via de harmonisering tussen instructie en wet zoals canon 34 §2 die voorschrijft. De instructie is misschien wat strenger dan de wet, maar druist er niet letterlijk tegen in, kan ermee in overeenstemming worden gebracht.

Ik weet ook wel dat deze interpretatie, die de speelruimte van de uitvoerende macht tegenover de bestaande wetgeving vergroot, niet de enig mogelijke is. Maar de kerkelijke beleidsmakers lijken maar al te goed te beseffen dat ze niet uitgesloten kan worden.

Trouwens, zelfs indien de inperking van rechten die de instructie uit 2005 duidelijk met zich meebrengt toch in strijd zou zijn met canon 34 §2 en daardoor alle kracht zou missen, dan nog is niet meteen duidelijk welke concrete canonieke gevolgen daaruit zouden voortvloeien. Inderdaad, zoals canon 135 §1 indirect meedeelt, bestaat er in de kerk wel een onderscheiding, maar geen scheiding van machten. Wetgevende en uitvoerende macht liggen doorgaans in één hand. En van een onafhankelijke rechtspraak is evenmin sprake. Een uitvoerder die tegelijk wetgever is of die voor de wetgever werkt, zal zijn instructie niet gemakkelijk bevraagd zien naar aanleiding van een procedure voor een rechter die op zijn beurt van de wetgever afhankelijk is. Een systeem dat geen scheiding van machten kent, kan het zich veroorloven om met een aantal concepten die voor de moderne democratische rechtstaat van groot belang zijn wat losser om te springen, bijvoorbeeld in naam van het zielenheil of van het algemeen belang.

Samenvattend leidt dit tot volgende conclusies. De instructie oogst succes omdat zij, zonder de wet formeel te veranderen, haar toch iets anders kan laten zeggen dan wat volgens de interpretatieregels van de CIC 1983 tot de mogelijkheden behoort. De instructie geeft op die manier de uitvoerder van de wet meer ademruimte, zelfs als het *praeter legem* terrein hem ontzegd zou worden. Deze werkwijze strookt niet helemaal met een goed begrepen hiërarchie der normen en klinkt allerminst geruststellend voor het individu en zijn rechten. In een moderne democratische rechtstaat maakt zulk een ruime bevoegdheid voor de uitvoerende macht geen kans meer. In de kerk, die duidelijk aangeeft van een democratie afstand te nemen en die het individu ondergeschikt acht aan het door de overheid vertolkte algemeen belang, liggen de kaarten anders.

Maar er is meer. De instructie is niet alleen een instrument dat door een creatief omgaan met de uitvoerende macht erin slaagt om de wetgeving enigszins te kneden. Meer en meer waagt de instructie zich op terreinen die duidelijk legislatief van aard zijn, en die het louter executieve derhalve ruimschoots overstijgen. Hier zou ik twee verschijnselen willen aankaarten. Vooreerst is er de rol die de instructie vervult in het stuiten van een gewoonte *contra legem*. Vervolgens zijn er gewoonten die door de paus *sub forma specifica* werden goedgekeurd en zo hun puur uitvoerende karakter in vraag gesteld zien. Beide fenomenen treft men aan in één enkele beroemde instructie uit het vorige pontificaat.

Op 15 augustus 1997 vaardigden maar liefst acht Romeinse congregaties een instructie uit *over vragen betreffende de medewerking van lekengelovigen aan het dienstwerk van de priesters*[9]. Deze instructie fluit de leek terug voor zover hij aan priesters gereserveerde sacrale terreinen betreedt. De instructie bekommert zich uiteraard om de toepassing van de bestaande wetgeving. In die zin beantwoordt ze aan de doelstelling van canon 34. Maar daarnaast heeft het document ook nog een andere functie. Het wil gewoonten die in strijd met de wet aan het groeien waren, een halt toeroepen. Canon 26 zegt immers dat een gewoonte kracht van wet krijgt als ze gedurende dertig doorlopende en volle jaren wordt onderhouden. De instructie steekt daar een stokje voor. Zelfs bestaande gewoonten moeten het ontgelden. Dat zegt de instructie in alle duidelijkheid: "De particuliere wetten en de geldende gewoonten, die tegengesteld zijn aan deze normen, worden herroepen, zoals eveneens eventuele bevoegdheden die, door de Heilige Stoel of welke andere aan haar onderworpen autoriteit ook, *ad experimentum* zijn verleend." Dit alles betekent dat een eventuele latere herinvoering van de gewoonte weer met nul jaar anciënniteit van start moet gaan.

De rol die de instructie speelt bij het stuiten van een gewoonte stemt tot nadenken. De instructie is immers een instrument van de uitvoerende macht. De gewoonte van haar kant is de waarachtige rivale van de wet. Ofschoon zij moeizamer tot stand komt dan laatstgenoemde vertolkt zij

[9] Congregatio pro clericis et aliae *AAS*, 1997, 852-877. De participerende congregaties zijn: (1) de congregatie voor de clerus; (2) de pauselijke raad voor de leken; (3) de congregatie voor de geloofsleer; (4) de congregatie voor de goddelijke eredienst en de sacramenten; (5) de congregatie voor de bisschoppen; (6) de congregatie voor de evangelisatie van de volkeren; (7) de congregatie voor de instituten van gewijd leven en de sociëteiten van apostolisch leven; (8) de pauselijke raad voor de interpretatie van wetteksten.

de stem van het volk. De gewoonte amendeert af en toe de unilateraal van de overheid uitgaande wet. Als een instructie een gewoonte stuit, hijst zij zich tegelijk op een hoger echelon. Haar intrusie op het niveau van de gewoonte en, indirect, dus ook op het niveau van de wet, verraadt steile ambities. Instructies doen meer dan de wet uitleggen. Soms breiden zij haar uit. En in andere gevallen zorgen ze ervoor dat gewoonten die de wet belagen vakkundig worden uitgeschakeld.

Over nu naar het tweede punt. Dezelfde instructie over de rol van de leek werd door paus Johannes Paulus II in specifieke vorm goedgekeurd[10]. Deze praktijk komt de laatste tijd wel vaker voor. Door de pauselijke goedkeuring *sub forma specifica* ondergaat de instructie een statusverhoging. Ze wordt in ieder geval een pauselijk document. Of ze daardoor ook niet langer een uitvoerend maar meteen een wetgevend document wordt, is uiteindelijk van secundair belang. Immers, beslissingen van de paus kunnen sowieso niet worden aangevochten. Tegen een uitspraak of decreet van hem bestaat geen beroep of verhaal, a fortiori niet tegen een legislatief of uitvoerend document van hem.

In ieder geval, ook hier zien we weer hoe de instructie niet langer een nederig uitvoerend document is. Zij doet meer dan voorschriften van wetten verklaren. De goedkeuring *sub forma specifica* wijst erop dat zij een belangrijk beleidsdocument is geworden, dat zich qua reële draagwijdte eerder op een legislatief dan op een uitvoerend niveau bevindt. De instructie is een wolf in een schaapsvacht. Ze ziet er onschuldig uit, maar zij schuwt de intrusie niet.

Overigens werd de recente instructie over homoseksualiteit niet in *forma specifica* door de paus goedgekeurd. Daaruit kan misschien enige hoop worden gepuurd. Zo kwam in het begin van de jaren negentig een strengee instructie over de toelating van alcoholici tot het priesterschap tot stand. Maar kort daarop werd alweer water bij de wijn gedaan. Kortom, wanneer een instructie niet *sub forma specifica* door de paus wordt goedgekeurd, is zij geen waarheid die in stenen staat gegrift. Dat kan in dit concrete geval een troost zijn.

Wat voorafgaat doet niets af aan de wat dubbelzinnige natuur die de instructie vandaag kenmerkt. Die dubbelzinnige natuur verklaart ook haar succes. De instructie moet in theorie de wet volgen. Maar in de praktijk treedt zij ook *praeter legem* op. En de interpretatieregels in verband met de wet moeten, in de verhouding van deze laatste tot de instructie, niet

[10] Zie over dit onderwerp onder meer URRUTIA, F.X., "Quandonam habeatur approbatio 'in forma specifica'?", *Periodica*, 1991, 3-17.

strikt worden toegepast. Bovendien heeft de instructie de neiging zich op het wetgevende vlak te begeven, door bijvoorbeeld de wet tegen de gewoonte te beschermen of door de instructie tot een onaanvechtbaar pauselijk document om te vormen. Kortom, waarom is de instructie zo populair? Omdat ze schijnbaar een onschuldig uitvoerend document is dat helpt verklaren wat de wet al uitdrukt, terwijl ze in werkelijkheid de intrusie in het bestaande wetgevende kader geenszins schuwt.

HOOFDSTUK II: CONSEQUENTIES VAN DE INSTRUCTIE VOOR DE VERHOUDINGEN TUSSEN RELIGIE EN STAAT

De canonieke figuur van de instructie heeft ook consequenties die verder reiken dan de louter binnenkerkelijke sfeer. Zij bestrijkt ook het domein van de juridische verhoudingen tussen religie en staat. Vooreerst heeft de instructie een invloed op de eventuele burgerlijke aansprakelijkheid van bisschoppen. Vervolgens kan ze op langere termijn relevant zijn voor de erkenning van de katholieke eredienst in een democratische rechtstaat.

De burgerlijke aansprakelijkheid vormt een eerste discussiepunt. De katholieke kerk is daar vandaag erg gevoelig voor. Wat de gebeurtenissen van 11 september 2001 voor de verhoudingen tussen godsdienstvrijheid en vrede betekenden, brachten de Amerikaanse pedofilieschandalen met clerici voor de relatie tussen canoniek recht en burgerlijke aansprakelijkheid teweeg. De kerk verloor in Amerika bergen geld ten gevolge van pijnlijke aansprakelijkheidsdossiers. Ook op dit terrein kan de hier besproken instructie een rol spelen. Immers, wat is volgens de letter van canon 34 de rol van de instructie? Zij verklaart hoe wetten moeten worden uitgevoerd ten behoeve van hen die met die uitvoering zijn belast. *In casu* geeft de congregatie voor de katholieke opvoeding duidelijk aan hoe de bisschoppen met homoseksuele priesterkandidaten dienen om te springen. Een consequentie daarvan zou kunnen zijn dat een bisschop die een homoseksuele priesterkandidaat toch wijdt, daardoor automatisch in de fout gaat. Uiteraard staat wetenschappelijk vast dat homoseksualiteit en pedofilie twee totaal verschillende dingen zijn. Maar net zoal een hetero pedofiele neigingen kan vertonen, is het niet uitgesloten dat ook een homo in dat straatje belandt. Op dat ogenblik kunnen zowel de centrale kerkelijke overheid als de profane rechter, de bisschop verwijten dat hij door een homoseksueel tot priester te wijden, het kerkelijk recht overtrad.

Op het terrein van burgerlijke aansprakelijkheid zou dit tot een dubbel effect kunnen leiden. Het eerste effect is dat de centrale kerkelijke overheid haar aansprakelijkheid kan ontlopen omdat ze homoseksuelen sowieso niet langer tot priester wil wijden. Doet zo een priester later wat verkeerd, zelfs op een terrein dat niets met seksualiteit te maken heeft, dan is de Romeinse overheid daar niet verantwoordelijk voor. Het tweede effect is dat de bisschop ten gevolge van deze instructie juist gemakkelijker aansprakelijk zal worden gesteld wanneer hij ondanks de instructie de moed of het lef heeft homo's tot priester te wijden. Het feit dat de bisschop handelt tegen de eigen canonieke voorschriften in vormt een serieuze indicatie om tot zijn uiteindelijke aansprakelijkheid te besluiten.

Samenvattend: het zou wel eens kunnen dat de instructie naast een binnenkerkelijke ook een profaanrechtelijke bedoeling heeft. Ten gevolge van de instructie kan de centrale kerkelijke overheid haar handen in onschuld wassen telkens als een homoseksuele priester die na de uitvaardiging van de instructie werd gewijd op welke wijze dan ook in de fout gaat. De persoon in kwestie had immers nooit priester mogen worden.

Tenslotte kan nog een tweede profaanrechtelijke consequentie uit de instructie voortvloeien. Dit keer gaat het om een consequentie die de kerkelijke overheid bij het uitvaardigen van de instructie waarschijnlijk zelf niet verwachtte. De vork zit als volgt aan de steel. De laatste jaren groeit in Westerse democratieën het besef dat religie een belangrijke maatschappelijke factor is die af en toe tot politiek handelen noopt. Meer en meer staten voeren een religieuze politiek of denken eraan zulk een politiek op poten te zetten. Daarbij zou de erkenning van een eredienst, inclusief de financiële voordelen die daarmee verbonden zijn, afhankelijk kunnen worden gesteld van een aantal voorwaarden. Deze voorwaarden draaien rondom het accepteren van de democratische rechtstaat als kader waarin de betrokken geloofsgemeenschap leeft en functioneert. Kortom, op die manier ontstaat een *do ut des* verhouding, waar bij de staat uitsluitend financiert wie de democratische spelregels respecteert. Een voorbeeld van dit vooral impliciet bestaande beleidsprincipe treft men aan in een besluit van de Vlaamse regering van 30 september 2005 houdende vaststelling van de criteria voor de erkenning van de plaatselijke kerk- en geloofsgemeenschappen van de erkende erediensten. Volgens artikel 2 §2 van dit besluit moet een aanvraag ondermeer een schriftelijke verklaring bevatten waarbij de plaatselijke kerk- of geloofsgemeenschap zich ertoe verbindt om individuen die handelen of oproepen om te handelen in strijd met de Grondwet en het Verdrag tot bescherming van de rechten van de mens en de fundamentele vrijheden, te weren uit de organisatie en werking van de plaatselijke kerk- of geloofsgemeenschap.

Uit het geciteerde artikel blijkt dat mensenrechten stilaan onontkoombaar worden, ook binnen de interne structuur van erkende erediensten. Een eredienst die homoseksuelen bewust en openlijk discrimineert, waagt zich vandaag op glad ijs. Zulk een groepering gaat in tegen normen en waarden die onze samenleving helpen schragen, iets wat misschien niet sympathiek is maar juridisch mogelijk moet zijn. Maar of erediensten in die hypothese op ietwat langere termijn op blijvende erkenning en staatssteun kunnen blijven rekenen, is een heel andere vraag die vroeg of laat op het politieke forum haar beslag zal krijgen.

BESLUIT

Hoe komt het dat de instructie zulk een belangrijk kerkelijk beleidsdocument is geworden? Zij is een instrument van de uitvoerende macht dat tegelijk de grenzen van deze laatste verkent. Een intrusie van de instructie in het domein van wet en gewoonte is eerder regel dan uitzondering. De instructie stelt orde op zaken, *low profile*, terwijl zij tegelijk de indruk wekt gewoon met de uitvoering van bestaande wetten bezig te zijn. In die zin is zij een soepel, discreet en efficiënt beleidsinstrument in handen van de centrale kerkelijke overheid. Een instrument, laten we wel wezen, dat alleen in een rechtssysteem zonder scheiding van machten op zulk een "creatieve" wijze kan worden aangewend. De instructie heeft zelfs, wellicht bewust nagestreefde, repercussies op het terrein van de burgerlijke aansprakelijkheid, en dit ten koste van de bisschop en ten voordele van de centrale overheid. Dat aan een instructie die homo's discrimineert op langere termijn misschien negatieve materiële consequenties op het terrein van godsdienstfinanciering zijn verbonden, is op dit ogenblik nog een theoretisch probleem dat kerkelijke beleidsmakers niet tot immediate actie dwingt.

Tot zover een juridisch technisch verhaal over de instructie, haar mogelijkheden, grenzen en perspectieven. Wetenschap behoort objectief te zijn, lees ik overal. Deze bijdrage is een poging daartoe. Ook discussies over controversiële kerkelijke documenten moeten sereen kunnen verlopen. Deze noodzakelijke wetenschappelijke attitude mag echter niet uitmonden in een sfeer van ongevoeligheid en verharding die in een gelovige context misplaatst zou zijn. Daarom besluit ik met de melding dat ik de instructie en de stigmatisering van mensen met een homoseksuele geaardheid die daaruit voortvloeit zeer betreur.

INSTRUCTION OR INTRUSION?

RIK TORFS

INTRODUCTION

On 29th November 2005 was published the Vatican instruction, since long announced in the press, about homosexual priest candidates[1]. This instruction contains a hardening compared to the existing law with regard to the admission of candidates to the seminary and ordination. Indeed, one reads "that the church, whilst deeply respecting the person concerned, cannot admit to the seminary and to the consecrated order, those who practice homosexuality, who give evidence of deep-rooted homosexual inclinations or who support the 'gay culture'." The instruction led to very differing reactions in a time and a society that are well-disposed towards both the principle of equality and the protection of privacy. Whilst a number of bishops from the Western world tried to clearly explain that the instruction doesn't change anything to the existing admission criteria and that it remains sufficient for candidate priests to observe celibacy[2], other faithful felt deeply offended[3]. They argued that the homosexual inclination, that is accepted by the church as long as it is not transformed into practice, brings about negative consequences anyhow for the entrance requirements. The reason for it may be read in the instruction itself: homosexuals are in a situation providing them with serious nuisances when it comes to conducting oneself correctly towards men as well as women.

In this contribution I do not pronounce myself about the content of the instruction, except shortly at the end. I wish to avoid any form of controversy and will therefore only embark on a purely juridical-technical

[1] Congregation for Catholic Education, *Instruction Concerning the Criteria for the Discernment of Vocations with Regard to Persons with Homosexual Tendencies in view of their Admission tot the Seminary and to Holy Orders*, 29 November 2005, *AAS*, 2005, 1007-1016.

[2] This was the viewpoint of the Swiss Episcopal conference and the Belgian cardinal Danneels.

[3] There was also an intermediate way, proclaimed by the former magister of the Dominicans, Timothy Radcliffe, who advocated a "not too strict" interpretation of the instruction, cf. *Tertio*, 7 December 2005, 6.

question. This question reads as follows: how comes that the ecclesiastical authorities use the juridical technique of the instruction in order to canonically dot the i's and cross the t's, and more specifically in this concrete case? In the first chapter I will look at the possibilities and limits of the instruction being a juridic figure in the framework of the prevailing canon law. In a second chapter I examine whether applying this canonical technique has direct consequences in the sphere of the relations between the Catholic Church and the secular legal order.

CHAPTER I: THE INSTRUCTION AS A LEGAL TECHNIQUE

What is an instruction? This question receives a simple answer in canon 34 §1: "Instructions, which namely set out the provisions of a law and develop the manner in which it is to be put into effect, are given for the benefit of those whose duty it is to execute the law, and they bind them in executing the law. Those who have executive power may, within the limits of their competence, lawfully publish such instructions."

So an instruction has two important characteristics. In the first place it is not a legislative document, but it emanates from who has executive power. Secondly, the instruction is not aimed at the general public, but at persons, whose responsibility is to implement the laws. Very often these will be the bishops. In principle, only those persons are bound by an instruction. But in turn they have, as enforcers, the authority to bind their legal subordinates[4].

The following question arises from all this. Why do the ecclesiastical authorities use an instruction, whilst they could just as well, and from a theoretical point of view even better, enact a universal law? Or, in other words, why is the instruction so popular as canonical technique? The answer is subtle. Of course, the pope could enact a new law. He may even render inoperative the norms, being part of the current code of canon law, and replace them with other ones. But the practice since 1983 shows that the highest authority in the Church shrinks from such intervention. As canon lawyers know, the Codex Iuris Canonici (CIC) 1983 has been

[4] The legal nature of the instruction became an increasingly important issue, since this technique has been used more and more during the last decades. See already TORFS, R.,"Het Vaticaan overschrijdt de eigen wetten. Nauwkeurige lezing van de nieuwste instructie van kardinaal Ratzinger laat zien hoe hij op subtiele wijze terreinwinst boekt", *De Bazuin*, 7 August 1992, 10-11. For an old but brilliant analyse, cf. also URRUTIA, F.X., "Decreti, precetti generali e istruzioni", *Apollinaris*, 1979, 399-415.

changed only once. Codices are not changed in a trice. Furthermore, psychologically it would not be very easy to enact a new law, where the rights of certain persons are interpreted more restrictively than it was the case before. It is of no interest for the legislator to create the impression that the ecclesiastical tolerance with regard to homosexuality decreases. Because that is clearly the case: chaste homosexuals, who previously were in principle eligible for priesthood, are eliminated since the recent instruction. So it is better not to enact a new law that clearly discloses the hardening, but to provide the new policy with a low profile. That is possible by elaborating it on the level of the executive power.

At first sight, a problem arises here. If the law remains what it is, must the executive power then yield to it? Must not every document of the executive power be scrupulously maintained within the outlines of the legislative framework? At first glance, that is indeed the case. And the consequences of such are hard, because the executive power must comply with the text of the law as well with its interpretation. How a law must be interpreted is shown in the canons 16 to 18 of the present codex. Here canon 18, in particular, is most conspicuous: "Laws which prescribe a penalty or restrict the free exercise of rights, or contain an exception to the law, are to be interpreted strictly." This stipulation has quite some consequences. It means, for example, that clerics enjoy a right of privacy, according to canon 220, that cannot be restricted just like that. Indeed, canon 223 §2 says that the ecclesiastical authorities are entitled to regulate, in consideration of the public interest, the exercise of the rights typical for the Christian congregation, but it does not mean that those rights may be restricted just like that. *Moderari*, regulate, is the word that is used in the authentic Latin text. This regulation may thus not lead to a restriction, because then it is hardly still compatible with canon 18, after all a general stipulation, constitutive for the whole canonical legal order.

The strict interpretation applying to laws also applies to general decrees. Canon 29 is clear in this respect: in the true sense they are laws and fall under the prescriptions of the canons treating them. Administrative dispositions for individual cases are in a comparable situation. Canon 36 §1 stipulates on this matter that administrative dispositions restricting the rights of a person, infringe on the acquired rights of others or those in violation of a law in favour of private persons, are subject to strict interpretation.

But two kinds of documents have for the time being been left aside. It concerns two instruments belonging to the executive power, namely general implementing decrees and instructions.

With regard to the general implementing decrees, canon 33 §1 stipulates that they don't derogate from the laws, in Latin *non derogant*, and insofar their prescriptions are in violation of laws, they miss all powers. I will not pursue the exact scope of this stipulation.

In the sphere of the instruction, canon 34 §2 is directive. This regulation is formulated as follows: "The regulations of an instruction do not derogate from the law, and if there are any which cannot be reconciled with the provisions of the law they have no force." What does this text really mean?

Herbert Socha clearly says that an instruction may not be in contradiction with an existing law[5]. The author does not descry here, notwithstanding the different formulation, any difference with the statute of the implementing decree. Heribert Schmitz adds that the requirements are even stricter. Even the whole playing field of the instruction *praeter legem* would be forbidden ground[6]. Discussion may rise on this matter. What the instruction says in addition to the law, limits the free zone that the legislator creates by not legiferating, But, strictly speaking, the conflict maybe is no conflict with the law, but conflict with the silence of the legislator. Canon 34 § 2 actually explicitly talks about the *praescriptis* of the law, its prescriptions. The question then is: can what is not written be a prescription? In the strict sense, not, the legislator does not prescribe anything, but it does in a broad, systematic sense: the mirror image of the silence the legislator displays is a right in his capacity of the subordinate. Breaking the silence by an enforcer is violation of a right. To put it briefly, I think that Schmitz, following Hans Heimerl for that matter[7], is quite right. But the actual practice often is different; from time to time the instruction actually fills the silence left by the legislator.

Now, take the instruction issued by the Congregation for the Doctrine of the Faith led by Cardinal Joseph Ratzinger in 1992 concerning theological publications[8]. Just one example. Canon 822 §3 stipulates that

[5] SOCHA, H., "Instruktionen. Begriff, Gesetzesgebung und Erlöschen", in LÜDICKE, K. (ed.), *Münsterischer Kommentar zum Codex Iuris Canonici*, Essen, Ludgerus, s.d., 34/5 and 34/6.

[6] SCHMITZ, H., "'Professio fidei' und 'Iusiurandum fidelitatis'. Glaubensbekenntis und Treueid, Wiederbelebung des Antimodernistieneides?", *Archiv für katholisches Kirchenrechts*, 1990, 395.

[7] HEIMERL, H., "Die Bindung der Verwaltung an das Gesetz in CIC 1983", in POTOTSCHNIG, F. and RINNERTHALER, A. (ed.), *Im Dienst von Kirche und Staat. In memoriam Carl Höllerbach*, Vienna, Styria, 1985, 428-429.

[8] Congregation for the Doctrine of the Faith, *Instruction on Some Aspects of the Use of the Instruments of Social Communication in Promoting the Doctrine of the Faith*, 30 March 1992, *Communicationes*, 1992, 18-27; *AAS*, 1992, 447-468.

"all Christ's faithful, especially those who in any way take part in the management or use of the media, are to be diligent in assisting pastoral action, so that the Church can more effectively exercise its office through these means." This general, at first sight non-hazardous norm, functions in the instruction as legal base for articles 14 and 15 largely extending beyond. Therein, the Christian faithful are bound to avoid cooperating in the distribution of works contrary to faith and morals. And Catholic publishers are urged not to issue works which do not have the prescribed ecclesiastical permission if it was required.

Does the instruction literally go against the law, *in casu* canon 822 §3? No. Does it cover a sphere being *praeter legem* and does it thus lead to a restriction of rights? Yes, that goes without saying. The congregation does something here that Heribert Schmitz doesn't like. In fact the instruction should, in this sphere, in complete harmony with canon 34 §2, miss all power.

But the instruction has even more hidden subversive force. Nowhere in the Codex is stipulated how the instruction must be interpreted. And it doesn't have to be: the only thing it has to do is to be read in canon 34 §2: it must be brought in harmony with the prescriptions of the law. Instead of an interpretation on an *intrinsic* base, we get a harmonisation on an *extrinsic* base, namely supported by reading the law. And, and that is somewhat explosive, maybe the same applies to the law, that must, in its relation to the instruction, not be interpreted according to the rather strict interpretation criteria of the general norms, but rather in view of cohesion with the instruction that wants to implement the law. In other words, the law and the instruction must both be interpreted in such a way, that they make up a whole. On one hand, the law functions as guideline for the instruction. On the other hand, the instruction takes care that the in-depth meaning of the law is revealed. The law guides the instruction, but the instruction, indeed leaving the text of the law unimpeded, colours its interpretation that is therefore taken away from the traditional application of the general norms. That might be a daring thesis. But the terminology applied by canon 34 leaves complete room for some ambiguity. In Latin it says *componi*, being harmonized. The term *componere* refers to a mutual harmonization of two different texts with one another, rather than the simple giving in of one text (the instruction) for the other (the law).

If this interpretation is correct, the instructions offer a perfect solution to interpret a law less strictly than the general norms of the Codex Iuris Canonici (CIC) 1983 prescribe. What a simple interpretation of the law can't manage, can be done via the harmonization between instruction and law, such as canon 34 §2 prescribes it. The instruction may be somewhat stricter than the law, but is not literally contrary to it, it can be harmonized with it.

I do know that this interpretation that increases the margin of the executive power versus the existing legislation, is not the only one possible. But the ecclesiastic policymakers seem to realize only too well that it cannot be excluded.

Anyway, even if the curtailment of rights that the instruction of 2005 clearly brings along were in violation with canon 34 §2 and as such misses all power, then it is not yet immediately clear which concrete canonical consequences arise from it. Indeed, as canon 135 §1 indirectly communicates, in the church there is a distinction, but no separation of powers. The legislative and executive power are generally vested in one hand. Nor can one speak of an independent jurisdiction. A member of the executive power, who at the same time is legislator or who works for the legislator, will not easily have his instruction questioned as a result of a procedure for a lawyer, who in turn depends on the legislator. A system that doesn't know separation of powers, can permit itself to deal somewhat looser with a number of concepts that are of great importance for the modern democratic constitutional state, for example in the name of the spiritual welfare or of the public interest.

In summary this leads to the following conclusions. The instruction is successful because it can be made to say something different, without formally changing the law, than what according to the rules of interpretation of the Codex Iuris Canonici (CIC) 1983 is part of the possibilities. That way, the instruction gives more breathing space to the executive power, even if the *praeter legem* sphere were denied to him. This method doesn't match a well understood hierarchy of the norms and sounds not in the least reassuring for the individual and his rights. In a modern democratic constitutional state such large powers for the executive power don't stand a chance anymore. In the church, clearly indicating that it distances itself from a democracy and that considers the individual subordinate to the public interest, represented by the authorities, things are different.

But that isn't all. The instruction not only is an instrument that succeeds in somewhat knead the legislation by dealing creatively with the executive power. More and more the instruction ventures on grounds that have a clear legislative character and that largely surpass the sheer executive ones. In this respect, I would like to raise two phenomena. First there is the part that the instruction plays in holding up a custom *contra legem*. Next there are the customs that have been approved by the pope sub *forma specifica* and as such may be questioned about their purely executive character. Both phenomena can be found in one single famous instruction from the previous pontificate.

On 15th August 1997, not less than eight Roman congregations issued an instruction *on certain questions regarding the collaboration of non-ordained faithful in the sacred ministry of priests*[9]. This instruction blows the whistle on the laity, insofar that it enters sacral grounds that are reserved to priests. The instruction is indeed concerned about the application of the existing legislation. In that sense it complies with the objective of canon 34. But apart from that, the document has yet another function. It wishes to put a stop to customs that were growing in violation of the law. Canon 26 indeed says that a custom acquires the force of law when it has been lawfully observed for a period of thirty continuous and complete years. The instruction puts a stop to that. Even existing customs have to pay for it. That is what the instruction says quite explicitly: "All particular laws, customs and faculties conceded by the Holy See *ad experimentum* or other ecclesiastical authorities which are contrary to the foregoing norms are hereby revoked." All this means that a possible later reintroduction of the custom has to start from zero years of length of service.

The part that the instruction plays in holding up a custom is food for thought. The instruction is after all an instrument of the executive power. The custom, on the contrary, is the real rival of the law. Although its development is quite more laborious than the latter, it expresses the voice of the people. The custom from time to time amends the unilateral law emanating from the authorities. If an instruction holds up a custom, it lifts itself at the same time to a higher echelon. Its intrusion into the level of the custom and thus, indirectly, into the level of the law, reveals strong ambitions. Instructions do more than explain the law. Sometimes they extend it. And in other cases they make sure that customs that menace the law are competently eliminated.

[9] Cf. *AAS*, 1997, 852-877. The Congregations involved were: (1) the Congregation for the Clergy; (2) the Pontifical Council for the Laity; (3) the Congregation for the Doctrine of the Faith; (4) the Congregation for Divine Worship and the Discipline of the Sacraments; (5) the Congregation for Bishops; (6) the Congregation for the Evangelisation of People; (7) the Congregation for Institutes of Consecrated Life and Societies of Apostolic Life; (8) the Pontifical Council for the Interpretation of Legislative Texts.

Let's now pass to the second point. The same instruction about the role of the laity was approved by Pope John Paul II in specific form. Lately, this practice has become more common[10]. Through the papal approval *sub forma specifica,* the instruction undergoes an upgrade of status. In any case it becomes a papal document. Whether consequently it is no longer an executive, but straight away a legislative document, has only secondary importance in the end. After all, decisions from the pope may not be contested anyhow. No appeal or recourse exists against a pronouncement or decree from him, a fortiori not against a legislative or executive document from him.

In any case, we also observe here how the instruction is no longer a humble executive document. It does more than explaining prescriptions of laws. The approval *sub forma specifica* points out that it has become an important policy document that, as far as its real scope is concerned, is located more at a legislative than at an executive level. The instruction is a wolf in sheep's clothing. It looks innocent, but it doesn't shun the intrusion.

Anyway, the recent instruction about homosexuality was not approved by the pope *sub forma specifica.* Maybe some hope can be drawn from that. Just that way, in the beginning of the nineties, a severe instruction about the admission of alcoholics to priesthood came into being. But little later, the wine was once more watered. In short, when an instruction is not approved *sub forma specifica* by the pope, it is no truth engraved in stones. In this concrete case, it may be of some comfort.

What precedes doesn't alter the somewhat ambiguous nature characterizing the instruction today. That ambiguous nature also explains its success. The instruction must, theoretically, follow the law. But in practice it also acts *praeter legem.* And the rules of interpretation concerning the law must, in the relation of the latest to the instruction, not be strictly enforced. Besides, the instruction is inclined to embark upon the legislative field by, for example, protecting the law against the custom or by transforming the instruction to a indisputable papal document. Anyway, why is the instruction so popular? Because apparently it is an innocent executive document helping to explain what the law already expresses, whilst in reality it shuns in no way the intrusion in the existing legislative framework.

[10] See on this topic, among others URRUTIA, F.X., "Quandonam habeatur approbatio 'in forma specifica'?", *Periodica*, 1991, 3-17.

CHAPTER II: CONSEQUENCES OF THE INSTRUCTION FOR THE RELATIONS BETWEEN RELIGION AND STATE

The canonical character of the instruction also has consequences reaching further than the sheer innerchurch sphere. It also covers the domain of the legal relations between religion and state. First of all, the instruction influences any civil liability of bishops. Next it may be relevant for the legitimization of the Catholic worship in a democratic constitutional state.

The civil liability is a first matter of discussion. Nowadays, the Catholic Church is very sensible to it. What the events of 11th September 2001 meant for the relations between liberty of religion and security is what the American paedophilia scandals with priests brought about for the relation between canon law and civil liability. The church lost loads of money in America arising from painful liability claims. In this field the instruction examined here may play a role. After all, what is to the letter of canon 34 the role of the instruction? It declares how laws must be executed on behalf of those, who are in charge of their execution. *In casu* the congregation for catholic education clearly indicates how the bishops have to deal with homosexual priest candidates. A consequence from that could be that a bishop, who nevertheless ordains a homosexual priest candidate, automatically makes a mistake. Of course, it is scientifically established that homosexuality and paedophilia are two completely different things. But just like a hetero may show paedophile inclinations, it is not excluded that a homo also walks that path. At that time, the central ecclesiastical authorities and the secular lawyer may both reproach the bishop that he transgressed canon law by ordaining a homosexual priest.

In the field of civil liability, this could have a double consequence. The first consequence being that the central ecclesiastic authorities may avoid its liability, because in any case they no longer wish to ordain homosexual priests. If a priest later on makes a mistake, even in a field that has nothing to do with sexuality, then the Roman authorities are not responsible for it. The second consequence is that the bishop, as a result of this instruction, will more easily be made liable when, notwithstanding the instruction, he has the courage or the nerve to ordain homo priests. The fact that the bishop acts against the proper canonical prescriptions is a serious indication to decide on his ultimate liability.

In summary: it could well be that the instruction, other than an innerchurch meaning, also has a secular legal one. As a consequence of the instruction, the central ecclesiastical authorities may wash theirs hands of the matter every time a homosexual priest, ordained after the issuance of the instruction, makes whatever mistake. The person in question should never have been allowed to become a priest.

Finally, a second secular legal consequence may result from the instruction. This time it concerns a consequence that the ecclesiastical authorities themselves probably didn't expect when issuing the instruction. The matter stands as follows. The last couple of years the awareness in Western democracies grows that religion is an important social factor that, from time to time, obliges to take political action. More and more states pursue a religious policy or think about setting up such a policy. In addition, the recognition of a religious denomination, including the financial advantages linked to it, could be made subject to a number of conditions. These conditions are about accepting the democratic constitutional state as framework where the community of faith concerned lives and functions in. In one word, in that way a relation *do ut des* is created, where the state exclusively finances those who respect the democratic rules of the game. An example of this mainly implicitly existing official principle may be found in a decree of the Flemish government from 30th September 2005 observing determination of the criteria for the recognition of the local communities of faith and religious communities of the recognized worships. According to article 2 §2 of this decree, an application must contain, amongst other, a written declaration, by which the local church or religious community commits itself to exclude from the organisation and the activity of the local community individuals, that act or incite to act contrary to the constitution and the Convention of human rights and the fundamental liberties.

It appears from the article mentioned that human rights are gradually becoming ineluctable, even within the intern structure of recognized worships. A religious denomination, deliberately and openly discriminating homosexuals, ventures onto slippery ice. Such a grouping goes against norms and values that help support our society, something that maybe is not sympathetic, but must be legally possible. But whether religious denominations may, in that hypothesis, on the somewhat longer term continue to count on lasting recognition and public support, is quite another question that sooner or later will be put into effect on the political forum.

CONCLUSION

Why has the instruction become such an important canonical legal tool? It is an instrument of the executive power, at the same time investigating the limits of the latter. An intrusion of the instruction in the field of law and custom is the rule rather than the exception. The instruction sets things right, *low profile*, whilst at the same time creating the impression to work on the execution of existing laws. In that sense is it a flexible, discrete and efficient policy instrument in the hands of the central ecclesiastical authorities. An instrument, lets put it clear, that may exclusively be applied in such a "creative" way in a judicial system without separation of powers. The instruction even has, possibly consciously, pursued repercussions in the field of civil liability, and this at the expense of the bishop and for the benefit of the central authorities. The fact that maybe in the longer run negative material consequences in the domain of financing of religion are attached to an instruction discriminating homos, is for the time being still a theoretical problem that doesn't compel ecclesiastic policymakers to take immediate action.

Here is where I end a juridical-technical story about the instruction, its possibilities, limits and perspectives. Science is supposed to be objective, is what I read everywhere. This contribution is an attempt to be objective. It must be possible that discussions about controversial ecclesiastic documents also are held in a serene way. This indispensable scientific attitude may however not result in an atmosphere of indifference and a hardening, that would be out of place in a religious context. That is why I conclude with the statement that I deplore the instruction and the stigmatization of persons with a homosexual inclination deriving from it.

AFFECTIEVE RIJPHEID: DE JURIDISCHE TOEPASBAARHEID VAN EEN PSYCHOLOGISCH BEGRIP

AD VAN DER HELM

INLEIDING

In de instructie die vandaag object van onze studie is, wordt een heel persoonlijk aspect van het leven aan de orde gesteld: de seksualiteit. De Kerk heeft een lange traditie in het betreden van dit terrein. Zij acht zich op dit terrein competent omdat seksualiteit en moraliteit sterk met elkaar verbonden zijn en de Kerk van mening is dat zij gezagvolle uitspraken op dit terrein kan doen. In de instructie wordt homoseksueel gedrag, het verlenen van steun aan de '*gay culture*' alsmede diepgewortelde homoseksuele neigingen als redenen gezien om mannen niet toe te laten tot de wijdingen. De argumentatie die hiervoor wordt aangevoerd is dat deze mannen niet in staat zijn tot volwassen relaties met mannen en vrouwen.

De vraag die ik aan de orde zal stellen is net als bij de voorgaande sprekers eerder technisch-juridisch van aard dan een inhoudelijke beoordeling van de opvattingen van de Congregatie: Wat weet een eenvoudig canonist nu van affectieve rijpheid?

De vraag is of het kerkelijk recht werkelijk toelaat dat redenen van deze aard tot uitsluiting van de wijding kunnen leiden? Op welke manier wordt kennis over iemands seksuele geaardheid verkregen en wat is daarbij toelaatbaar en wat niet? De instructie begeeft zich gedeeltelijk op een terrein dat van oudsher grote bescherming geniet: het forum internum. De vraag is of de instructie een juist gebruik van het forum internum hanteert.

CRISIS

Het Tweede Vaticaanse concilie had hooggestemde verwachtingen van de priester. De bisschoppen van het concilie verlangden dat de priesters *in de wereld onder de mensen leven en als goede herders hun schapen leren kennen en hen die niet van deze schaapstal zijn, opzoeken.* Hun wordt aanbevolen de deugden te beoefenen *die in de mensenmaatschappij terecht hoog worden aangeslagen, zoals goedheid en oprechtheid van hart, geestkracht en standvastigheid*[1]. Het derde hoofdstuk uit het decreet over het ambt en leven van de priesters eindigt met een citaat uit de Filippenzenbrief: *Houdt Uw aandacht gevestigd op al wat waar is, al wat edel is, wat rechtvaardig is en rein beminnelijk en aantrekkelijk, op al wat deugd heet en lof verdient*[2].

De Kerk koestert hoge verwachtingen van de priesters en de tijden waarin hierover nauwelijks vragen aan de oppervlakte kwamen ligt nog maar één generatie achter ons. Een priester was een vanzelfsprekende verschijning, een integer mens die zijn leven aan Christus en zijn Kerk heeft toegewijd. Hij heeft daartoe veel van zijn eigen leven opgegeven en dit in dienst gesteld van de mensen voor wie hij door een bisschop of een overste werd aangesteld. Hij was geroepen geestelijk leiding te geven aan geloofsgemeenschappen, zoals parochies, aangesteld om in katholieke scholen een bijdrage te leveren aan de vorming van kinderen en jongeren, gevraagd om een inspiratiebron te zijn voor allerhande kerkelijke verenigingen. De priester was een autoriteit en ook al waren er die met hun kerkelijke macht te vuur en te zwaard ten strijde trokken, er waren vele priesters die met gezag spraken (Marcus 1, 22), bedienaren van het heilige, bij wie je diepste geheimen veilig waren, bij wie je op troost kon rekenen en Gods sacramentele aanwezigheid kon ervaren. Een mens waar nabijheid en veiligheid hand in hand leken te gaan.

De conciliaire visie op het priesterschap heeft de priester meer tussen de mensen en in de geloofsgemeenschappen willen plaatsen. Het is opvallend dat het conciliaire decreet over het ambt en het leven van de priester veelvuldig gebruik maakt van de term *presbyter* terwijl de term *sacerdos* veel minder vaak gebruikt wordt. Een nieuw (niet echt nieuw natuurlijk, opdat het aansluit bij de oudere brieven van Paulus) accent wordt hier gelegd op de priester in zijn rol als oudste in de gemeente. In de hervormingsconcilies van de Middeleeuwen en zeker vanaf Trente was het accent komen te liggen op de bedienaar van het heilige, de *sacerdos*. In de *presbyter* is de vertrouwensrol naar de voorgrond gehaald: naast bedienaar van het heilige werd hij ook een broeder en een vader, de persoonlijke band werd steeds meer als basis van het vieren van de sacramenten gezien en van zijn leiderschap. Zelfs in de literatuur werden priesters beschreven die ondanks hun menselijke gebrekkigheid

[1] Presbyterorum ordinis 3
[2] Fil. 4,8

en zondigheid een grote heroïek ten toon konden spreiden. De whisky-priester uit *The Power and the Glory* van Graham Greene is onvergetelijk en heeft ongetwijfeld veel priesters in hun verborgen worsteling troost geboden[3].

Een dergelijk heroïsch aanzien, heeft de priester in de Westerse cultuur al lang verloren. Op twee fronten staat het priesterschap van de katholieke kerk onder druk. Bij zijn theologisch-historisch fundament zijn vragen gesteld: vraagt het sacrament van de priesterwijding wel de voorwaarden die nu gesteld worden? Is de monastieke oriëntatie van het priesterschap wel de enig mogelijke in vergelijking tot de beschrijving van de ambten die Paulus en anderen geven in de geschriften van de vroege Kerk? De beperking van de priesterwijding tot mannen en in de Latijnse kerk tot ongehuwde mannen, doet wenkbrauwen fronsen. Past dat in de christelijke antropologie waarin de gelijkwaardigheid van man en vrouw een kernelement is geworden? Past dit wel en in de opwaardering van de seksualiteit die de basis is geworden van een nieuwe theologie van het huwelijk? Het ideale plaatje van Vaticanum II werd al spoedig ingehaald door ontwikkelingen van theologisch en historisch onderzoek; de invloed van de menswetenschappen was al even fundamenteel kritisch. De kritische benadering bleef echter niet beperkt tot deze theologisch-historisch vormgeving van het priesterschap.

De crisis heeft een dramatische wending gekregen door de schokkende aantallen priesters en religieuzen die betrokken raakten bij aanklachten van seksueel misbruik in pastorale en niet-pastorale relaties. Niet alleen in de Verenigde Staten, maar ook in België, Nederland en elders zijn priesters aangeklaagd én veroordeeld door civiele rechtbanken voor dergelijke misdrijven. Kerkelijke strafmaatregelen waren nodig tot en met het wegzenden uit de klerikale staat. Dit is voor de katholieke kerk een uitermate zware straf, de enige die in deze situaties toegepast kon worden[4].

Het heeft particuliere kerken genoopt tot uitgebreide maatregelen. Er werden – met wisselend succes – procedures ontwikkeld om klachten te behandelen. Deze procedures lagen op hun beurt onder vuur: het *zero-tolerance* beleid dat sommigen in de VS voorstonden, leidde tot schending van rechten van de aangeklaagde priesters en religieuzen. In België werd betwijfeld of de procedure tot klachtenbehandeling van seksueel

[3] Eerste uitgave in 1940 en in vele talen vertaald.

[4] In Nederland heeft Hulp en Recht, de landelijke kerkelijke instelling voor hulpverlenging en voor recht voor mensen die slachtoffer zijn geworden van seksueel misbruik door priesters, religieuzen en kerkelijke werkers, cijfers gepubliceerd: in 1998 waren er 27 gevallen, het jaar erop 5, in 2000 waren er 15 meldingen. Verslag 2006.

misbruik voldoende juridisch soelaas zou bieden. In Nederland, waar al sinds 1995 de landelijke kerkelijke instelling Hulp en recht deze zaken behandelt als onderdeel van een intern kerkelijke tuchtprocedure én als hulpverlening aan de slachtoffers, heeft de kwestie later geleid tot een aanpassing van de verzekeringspolis: dergelijke onrechtmatige daden werden niet meer door de verzekering van de risicoaansprakelijkheid gedekt. Het leidde er uiteindelijk toe dat de Congregatie voor de geloofsleer de competentie ten aanzien van de bestraffing van zwaardere misdrijven naar zich toe trok. Ook het seksueel misbruik van minderjarigen door geestelijken valt hieronder. Zonder dat dit met zoveel woorden werd gesteld, spreekt hieruit een gebrek aan vertrouwen in het vermogen van lokale bisschoppen om daadkrachtig op te treden[5].

Het tweede front van de crisis van het priesterschap in de Westerse Latijnse kerk raakt door de hierboven beschreven gebeurtenissen de priester in zijn persoon, in zijn intimiteit. De instructie van de Congregatie van de katholieke opvoeding focust op diezelfde intimiteit: de seksuele geaardheid van de priester en het gedrag dat daar eventueel mee samenhangt. Homoseksualiteit wordt door de Katechismus van de Katholieke Kerk beschouwd als een ongeordend verschijnsel dat niet past in de scheppingsorde (KKK 2357-2359). Zolang het niet in daden tot uiting komt, kan nog niet gesproken worden van zonde. Homoseksualiteit wordt in de instructie gezien als een factor die de priesterkandidaat belemmert tot affectieve rijpheid, volwassenheid. Zijn relatie tot mensen wordt in ernstige mate er negatief door beïnvloed. De beoordeling van de affectieve rijpheid wordt op die manier door de instructie mede afhankelijk gemaakt van kennis van een intiem aspect van een kandidaat, zijn seksuele geaardheid.

Ik meen dat er geen directe samenhang bestaat tussen homoseksualiteit van priesters en de crisis die hierboven beschreven is. Ik meen dat de crisis voortkomt uit een ontwikkeling waarin steeds geprobeerd wordt het seksuele aspect te ontkennen of uit te schakelen. Geaardheid en gedrag worden niet bespreekbaar gemaakt, maar worden vanuit stereotypen beoordeeld. Allen die verantwoordelijkheden dragen in seminaries, zouden moeten weten dat hier een risicovolle weg bewandeld wordt.

[5] Over de publicatie van de normen die afgekondigd werden met het *motu proprio Sacramentorum Sanctitatis Tutela* is veel te doen geweest: de brief zelf werd gepubliceerd in de *Acta Apostolicae Sedis* 93, 2001, 737-739 maar zonder de normen. Als spoedig verschenen die op internet o.a. the National Catholic Reporter, november 2002.

VORMING TOT PRIESTER

Is de instructie een effectief instrument om datgene wat de Congregatie wenst, namelijk dat mannen met diepgewortelde homoseksuele neigingen niet tot de wijdingen toegelaten worden? De instructie richt zich niet alleen op het gedrag, op handelingen, op feiten, maar ook de persoon van de priester zelf en vooral zijn seksualiteit. Dit komt velen voor als een inbreuk in de privacy van mensen. Dat is echter een stelling waartegen argumenten in te brengen zijn. Ik betwijfel vanuit canoniek rechtelijk standpunt dat deze argumenten afdoende zijn.

De instructie bouwt voort op een lange traditie in de vorming van priesters in de katholieke kerk waarbij de persoonlijke ontwikkeling uitdrukkelijk betrokken wordt. De vorming van priesters omvat meer dan een opleiding waar kennis en vaardigheden worden opgedaan en niet zonder reden. Sinds de Reformatie heeft de Katholieke Kerk geleerd heeft dat zij omwille van de hervorming die zij in eigen kring ter hand nam goed gevormde priesters nodig had. Juist de kwaliteit van de priesterlijke orde in de kerk liet veel te wensen over en naast andere mistoestanden in de Kerk, waren de priesters door hun geringe kennis, en hun verwaarloosde gebedsleven voor veel gelovigen een doorn in het oog[6].

De katholieke Kerk heeft in die periode keuzes gemaakt om mannen tot een bepaald type priester te vormen. Het concilie van Trente koos voor een seminariemodel: een internaatsmodel, waarbij leven, studie, gebed en ontspanning onder één dak plaatsvonden[7]. Soms verlieten jongens al op twaalf jarige leeftijd hun ouderlijk huis om in een kleinseminarie hun middelbare school opleiding te volgen en later in het grootseminarie filosofie en theologie te studeren. De invloed op de persoonsvorming van deze jongeren die al zo vroeg onder de kerkelijke invloed kwamen, was op die manier ongemeen groot. Nog meer elementen kunnen daarbij genoemd worden zoals op het gebedsleven, gedragen door de dagelijkse mis en het dagelijks breviergebed geïnspireerd op het koorgebed van de monniken. In het wetboek van 1983 is dit opgenomen in de canones over de seminaries 234 en 237. De bisschop wordt aangespoord een kleinseminarie op

[6] Voor een levendige beschrijving van de misstanden in kerk en samenleving in de 14e eeuw: F. Stonor Saunders, *Hawkwood, Diabolical Englishman*, Londen, Faber& Faber, 2004. Het boek opent met een levendige beschrijving van de veertiende eeuw.

[7] In het zogenaamde Franse model waren alle elementen in één instelling ondergebracht. Dit model heeft ook in Nederland en België gefunctioneerd. Het Duitse model brengt een onderscheid aan waarbij de filosofische en theologische studie aan een universitaire faculteit werden gevolgd. Daarnaast woonden de studenten samen in een zogenaamd priesterconvict. Beide modellen zijn nog steeds toegestaan.

te de richten of op een andere manier de algemeen mensvormende en wetenschappelijke vorming van jongeren te bevorderen. In ieder bisdom dient een grootseminarie te zijn, anders moeten de studenten aan een ander of een interdiocesaan grootseminarie worden toevertrouwd. De inhoud van deze vorming wordt ook door het wetboek nader ingevuld (cc.245-248).

De vorming van een man tot diaken en priester geschiedt op twee niveaus. Het ene niveau is het publieke niveau: kennis en kunde, gedrag, menselijke omgang. Dat zijn de zichtbare elementen die bewijsbaar zijn en in het publieke forum bespreekbaar zijn. Het andere niveau onttrekt zich aan de waarneming van de leiding van het seminarie.

Het priesterlijke celibaat en de seksuele moraal speelden bij deze intensieve vorming een grote rol. Seksualiteit werd vaak als bedreigend ervaren voor de priesterlijke roeping. Er werd gewaakt voor particuliere vriendschappen, ook binnen het seminarie. Er moet niet te lichtvaardig over gesproken worden met de studenten, waarschuwt het wetboek (c.247 § 2).

Deze diepgaande vorming betekende niet dat de kandidaat zich voortdurend aan zijn opvoeders en aan de leiding van het seminarie bloot moest geven. Er werden in het seminarie mensen aangesteld die een rol kregen toebedeeld in de persoonlijke vorming van de kandidaat maar die buiten de directe beoordeling van de wijdingsgeschiktheid werden geplaatst en ook heeft de kandidaat de vrijheid om zelf begeleiders te zoeken. Het huidige wetboek noemt drie functionarissen: de *spiritus director* (c.239 § 2, de *moderator vitae spiritualis* (c.246 § 4) en de biechtvaders (c.240 § 1). De laatsten hebben een duidelijk afgebakende taak die ook door de canones over het biechtgeheim wordt bepaald (met name c.983 § 1).

De *spiritus director* wordt binnen het seminarie aangesteld[8], de *moderator* van het geestelijke leven niet. In beide gevallen, kan de kandidaat ook andere priesters raadplegen. De kandidaat kan niet iedereen als spiritual uitkiezen: deze priester dient een opdracht van de bisschop te hebben ontvangen. Een dergelijke voorwaarde wordt bij de moderator van het geestelijk leven niet genoemd. Deze is geen medewerker van het seminarie en hoeft ook geen opdracht daartoe van de bisschop te hebben ontvangen. Zowel de spirituaal als de biechtvader worden buitengesloten van de beslissingen met betrekking tot het wegzenden van kandidaten en hun toelating tot de wijdingen. Datzelfde geldt *a fortiori* voor de moderator van het geestelijk leven die niet tot het seminarie behoort.

Vastgesteld moet worden dat de kandidaat gesprekken heeft met een spirituaal. Zonder dat er over de inhoud van de gesprekken wordt gesproken,

[8] C.239 laat open wie de spirituaal benoemt

mag de rector van het seminarie verifiëren of de geestelijke begeleiding daadwerkelijk gestalte krijgt[9]. Volgens sommige canonisten kan de rector wel vragen aan de kandidaat welk advies de spirituaal gegeven heeft. Anderen vinden dat ook hier het forum internum bescherming biedt: uitsluitend het feit dat de kandidaat met de spirituaal gesproken heeft mag nagevraagd worden. De inhoud van het advies blijft tot het forum internum horen. Die laatste mening deel ik van harte[10].

Terwijl de Kerk als het ware diep in de ziel van de kandidaat wilde kruipen in de persoon van de biechtvader en andere geestelijke begeleiders, heeft het canoniek recht er voor gewaakt om de kennis die langs die kanalen gevonden werd, direct te gebruiken voor publiek gekende rechtshandelingen, zoals het wegzenden van een kandidaat[11]. Een geestelijke vertrouwensman of een biechtvader zal zijn kennis over de persoon niet kunnen laten gebruiken door anderen om een bepaald oordeel te vellen. Het onderscheid in het canoniek recht tussen forum internum en forum externum is in deze context zeer scherp uitgewerkt.

Het Tridentijnse model is door het concilie grotendeels overgenomen, terwijl de visie op het priesterschap grote accentverschuivingen liet zien. De inhoud van de priesterlijke vorming was daarom aan vernieuwing toe. Paus Johannes Paulus II schreef in 1992 de pauselijke exhortatie *Pastores dabo vobis*. Daarin beschreef hij zijn visie op de priesterlijke vorming: deze geschiedt op vier terreinen: spiritueel, intellectueel, pastoraal en menselijk[12]. De instructie van 2005 bouwt uitdrukkelijk hierop voort en gaat in op de menselijke vorming ten aanzien van de seksualiteit. Dat de instructie zich op dit terrein begeeft is dus een logische ontwikkeling gelet op de geschiedenis. Seksualiteit is een onderdeel van de mens en het past in zijn vorming dat hij daar volwassen mee leert omgaan. Dat geldt voor alle seksualiteit, maar voor mannen die celibatair willen leven nog sterker.

DE INSTRUCTIE

Er wordt in de instructie een onderscheid gemaakt tussen bepaald gedrag (homoseksuele handelingen en het ondersteunen van de *'gay' culture*) en

[9] *E. Pucher, Zum Verhältnis von Forum Externum und Forum Internum besonders in der Ausbildung der Kleriker* in *ÖAfK* 38, 1989, 494-504, cf. p. 502.

[10] Pucher verwijst naar de artikelen van Cocccopalmerio en van Montini die hierover verschenen zijn.

[11] Het in seminariekringen beroemde en beruchte *Consilum abeundi*: de raad om weg te gaan.

[12] Johannes Paulus II, Pastores dabo vobis, nr. 43-59.

een persoonlijke eigenschap: de diep gewortelde homoseksuele neigingen. Dit laatste moet weer onderscheiden worden van homoseksuele gevoelens van voorbijgaande aard. De precieze invulling van deze begrippen wordt niet gegeven. Het commentaar van mgr. Tony Anatrella, consultor van de Pauselijke Raad voor de familie en van de Pauselijke Raad voor de gezondheid laat weinig ruimte: iedere homoseksualiteit die niet het gevolg is van de puberale ontwikkeling, maar een permanente geaardheid is, leidt onherroepelijk tot affectieve onevenwichtigheid: de man heeft immers zijn masculiene identiteit niet gevonden[13]. Er wordt een conclusie getrokken uit een persoonlijke seksuele eigenschap, waarbij niet de kandidaat zelf beoordeelt of hij tot affectieve rijpheid in staat is. Die conclusie is al getrokken door deze interpretatie van de instructie. Met andere woorden: als de kandidaat aangeeft homoseksuele neigingen te hebben, zal de conclusie moeten zijn dat hij niet in staat is tot volwassen affectieve relaties.

Een andere mening is te vinden in de verklaring van de Zwitserse bisschoppenconferentie die het goed mogelijk acht dat homoseksuele mannen tot affectieve volwassen relaties in staat zijn[14]. Ook andere bisschoppenconferenties hebben de mening dat hun aannamebeleid en hun beoordelingsbeleid niet hoeft te worden aan gepast[15]. Mgr Anatrella zal hen als naïef bestempelen en ervoor pleiten dat de geaardheid leidt tot afwijzing van de kandidaat.

De verklaring van de Amerikaanse bisschoppen vertoont op twee punten een interessante interpretatie van de Romeinse instructie. Op de eerste plaats vertalen zij mensen met diepgewortelde homoseksuele neigingen met '*if he identifies himself principally by a homosexual inclination or orientation*'. Daarnaast speken zij van een manifeste affectieve rijpheid. Wat het eerste betreft, kan ik niet goed beoordelen of de andere formulering, net als bij de Zwitserse bisschoppen, betekent dat er een andere visie op homoseksualiteit achter schuilt. Misschien dat de psychiater er vanmiddag meer licht op kan werpen. Wat het tweede betreft maken de Amerikaanse bisschoppen duidelijk dat zij willen uitgaan van hetgeen bewezen kan worden en met feiten aangetoond.

[13] Mgr. T. Anatrella, *Le sacerdoce et l'homosexualité à la lumière de l'anthropologie chrétienne* In *La Documentation Catholique* 88, 2006, 27-33.

[14] De Zwitserse bisschoppen hebben al een verklaring uitgegeven voordat de Romeinse instructie werd gepubliceerd: d.d. 22 november 2005. Cf. *La Documentation Catholique* 88, 2006, 33-34. Zij stellen *une rédisposition homosexuelle vécue dans la continence n'exlut pas du ministère eccésial*. Zij spreken positef, zelfs van een *charisme particulier*.

[15] Nederlandse bisschoppen conferentie, Perscommuniqué d.d. 29 november 2005, Belgische bisschoppen, Perberrent d.d. 29 november 2005. Amerikaanse bisschoppen: http://www.usccb.org/wss-statement.pdf

De instructie beschrijft nauwkeurig welke verantwoordelijkheden de verschillende actoren in de aannameprocedure spelen. De Ordinaris of de Hogere Overste moet een moreel oordeel kunnen vellen op basis van de mening van degenen die voor de opleiding verantwoordelijk zijn over de geschiktheid van de kandidaat. Bij twijfel moet niet tot de wijding worden overgegaan. Ook de rector van het seminarie moet zich uitspreken over de geschiktheid van de kandidaat, daarbij gevoed door de inzichten van de anderen die een rol spelen in de vorming in het seminarie.

Net als het wetboek noemt de instructie de geestelijk leidsman van de priesterkandidaat. De geestelijk leidsman werkt in het interne forum en is gehouden aan geheimhouding. Ook hij moet met de kandidaat in gesprek gaan en hem wijzen op de eisen van de kerk op de terreinen van de kuisheid, de affectieve rijpheid en hem helpen om te besluiten of hij de nodige kwaliteiten bezit. Zowel de geestelijk leidsman als de biechtvader, die in het sacramentele interne forum werkt, dienen de kandidaat af te raden om zich te laten wijden indien er sprake is van een homoseksuele praktijk of van homoseksuele neigingen.

Tot slot is de kandidaat zelf de eerstverantwoordelijke van zijn eigen vorming. Hij dient zich met vertrouwen aan de beoordeling van de kerk te onderwerpen. Als een kandidaat zijn homoseksualiteit verbergt, is hij in die mate oneerlijk dat hij niet beantwoordt aan de geest van waarheid, loyaliteit en beschikbaarheid die gevraagd mag worden van een priesterlijke bedienaar.

Bij deze samenvatting valt op dat de instructie daden en feiten (gedrag, ondersteunen van de 'gay culture') op dezelfde manier beschouwt als de homoseksuele geaardheid. Is dat een feit dat publiek gekend kan worden en mag worden? Dit gegeven kan een persoon immers – ook volgens de Katechismus van de Katholieke kerk – niet aangerekend worden. Mag dat als feit gebruikt worden om een publiek kenbare beslissing, namelijk de weigering om toegelaten te worden tot de wijdingen? Dat feit heeft grote gevolgen. Als iemand uit het seminarie terug keert naar de parochie waar hij uit voortgekomen is, staat hij publiekelijk bekend als homoseksueel die afgewezen is als priesterkandidaat. Hier gaan de bellen rinkelen van c.220 die de eigen privacy / *propriam intimitatem* beschermt.

Op de tweede plaats staat de relatie tussen forum internum en externum onder druk. De kandidaat dient zelf bepaalde zaken aan het licht te brengen opdat anderen er een oordeel over vellen. Het betreft hier zeer subjectieve beoordeling: is iemand in staat tot affectieve rijkheid, volwassenheid? Op de kandidaat wordt druk uitgeoefend om een aspect van zijn persoonlijke leven prijs te geven, omdat anderen er conclusies uit kunnen trekken.

Het religieuzenrecht kent de spanning tussen de gehoorzaamheid van een lid van een instituut van gewijd leven ten opzichte van zijn/haar overste. Het is denkbaar dat een beleid in de communiteit tot gewetensproblemen van een lid van deze communiteit leidt. De gehoorzaamheid is één van de drie evangelische raden die de basis vormen van het religieuze leven (c.573 § 2, 575) en wordt in c.601 omschreven als een onderwerping van de wil. Toch geven de commentaren aan dat er geen sprake kan zijn van kadaverdiscipline: deze onderwerping van de wil kan het verstand en de intelligentie niet uitschakelen. De formulering die de wetgever heeft gekozen reduceert de conciliaire visie op de religieuze gehoorzaamheid (PC 14) tot een beperkte opvatting waarbij de religieus zich moet onderwerpen[16]. Elders in het religieuzenrecht in het wetboek komt de beveiliging van het forum internum ook aan de orde. Het is de oversten in instituten van gewijd leven niet toegestaan om een *manifestatio conscientiae* te eisen van de ondergeschikte leden van het instituut. Hun mag niet gevraagd worden om aan hem/haar het geweten en de gewetenswroeging openbaar te maken (630 § 5). Net als in het seminarie wordt ook hier niet toegestaan dat de overste de gebruikelijke biechtvader is van de ondergeschikten (630 §4). Ook hier biedt het forum internum bescherming tegen al te opdringerige oversten.

INTERNE FORUM

Het forum internum vormt in de kerk een afzonderlijk rechtsbereik waarbij de gelovige zijn geweten kan delen met een vertrouwenspersoon eventueel voor een geestelijke of een religieus ten aanzien van zijn overste, zonder dat dit openbaar wordt. Niet alleen gewetenswroeging, maar ook bepaalde handelingen en feiten kunnen in dat forum worden toevertrouwd aan een ander, zonder dat er publieke consequenties aan verbonden worden. Er wordt bestuursmacht uitgeoefend, maar die kan beperkt zijn tot het inwendig rechtsbereik. Het doel daarvan is het zielenheil. Het canoniek recht is immers meer dan uitsluitend een juridisch instrument om de kerkelijke organisatie goed te laten functioneren, maar is ook gericht op het heil van de individuele gelovigen. Als een kerkelijke

[16] A. Kaptijn, *Submission of the will and violation of the vow of obedience. Contributions to the discussion of canon 601* in *The Jurist 56*, 1996, 307-337.

publieke situatie zou verhinderen dat een gelovige eerlijk en vrij zijn ziel opent hetzij in de sacramentele biecht hetzij in een andere vertrouwenssituatie, komt dat het zielenheil niet ten goede.

Deze twee rechtsbereiken zijn niet twee volkomen gescheiden werelden, en na het tweede Vaticaans concilie hebben de bisschoppen gepleit dat deze twee fora zo min mogelijk in tegenspraak zijn met elkaar[17]. Toch is het onderscheid gehandhaafd en spreekt het wetboek van één bestuursmacht die hetzij publiekelijk wordt uitgeoefend hetzij in het verborgene (c.130).

Huysmans onderscheidt tussen inwendig rechtsbereik en het bereik van het geweten. In het eerste is er sprake van uitoefening van bestuursmacht over een gelovige, terwijl in het tweede een persoon zelf een beslissing neemt op basis van zijn geweten. Tijdens het concilie lag hier een belangrijk fundament van de visie op de mens[18]. De rechtstraditie erkent, zo argumenteert Huysmans verder, dat iemand in een moeilijk parket kan komen indien hij een botsing ervaart tussen een kerkelijke wet en de eigen kennis van de waarheid in het geweten. Dan kan niet gevraagd worden om tegen God in te gaan. Welke publieke consequenties daaraan gegeven moeten worden, blijft vooralsnog onduidelijk[19]. Maar wanneer iemand zijn geweten opent voor een geestelijk leidsman en probeert om met zichzelf en God in het reine te komen, dient dat verborgen te blijven voor de publieke sfeer van de kerk, waartoe ook de seminarieleiding behoort.

Het forum internum beschermt het geweten van de gelovige en in dit geval van de priesterkandidaat en creëert een ruimte waar hij geestelijke begeleiding ontvangt en gewetensvolle beslissingen kan nemen die zelfs met kerkelijke wetten in botsing komen. Dat maakt de basis van de instructie een stuk zwakker.

De Congregatie zit in een knelpositie en de instructie getuigt daar ook van. Zij kan niet het gewetensbereik geweld aandoen wordt of het forum internum opgeheffen. De instructie erkent dat uiteindelijk de kandidaat de enige is die de sleutel van zijn innerlijk in handen heeft. Er wordt grote

[17] De bisschoppensynode van 1967 formuleerde een tiental principes voor de herziening van het wetboek. Het tweede luidde: De codex dient de harmonieuze verhouding tussen *forum internum* en *forum externum* te bevorderen, dient het conflict tussen deze twee tot een minimum te beperken met name waar het de sacramenten betreft en de kerkelijke straffen.

[18] Gaudium et Spes 16: In het diepst van zijn geweten ontdekt de mens een wet, die hij zichzelf niet stelt, maar waaraan hij moet gehoorzamen en waarvan de stem, die hem steeds oproept het goede te beminnen en te doen en het kwade te vermijden, op het juiste moment doorklinkt in de oren van zijn hart: doe dit, vermijd dat.

[19] R.G.W. Huysmans, *Algemene normen van het wetboek van canoniek recht*, Leuven, Peeters, 1993, p.271-273. (*Novum commentarium Lovaniense in codicem iuris canonici.*)

morele druk gelegd wordt op de priesterkandidaat. Het manco van de instructie is dat de wetgeving die het interne forum en de gewetensvrijheid van de kandidaat beschermt, niet vermeld wordt. Toch blijft die wetgeving volledig van kracht. Een instructie kan deze ook niet opheffen hoe dicht deze ook tegen wetgeving aan is komen te liggen zoals Torfs vanmorgen heeft aangetoond.

Een gevolg dat ongetwijfeld de Congregatie ook niet wenst, zal kunnen zijn, dat de kandidaten met nog meer schroom ervaren om hun innerlijke worsteling met homoseksualiteit te delen met hun geestelijk begeleiders. Zullen die ondanks het wettelijk verbod bepaalde signalen naar de leiding van het seminarie laten uitgaan die de seksuele geaardheid van kandidaten onthullen? En wat te denken van de medestudenten die ook huisgenoten zijn? Hoe open durf je daar te zijn?

REPRESSIEF OF PREVENTIEF

De instructie probeert uit alle macht om de brug te slaan naar het innerlijk van de kandidaat. De grenzen van het recht zijn duidelijk: als de kandidaat niet wil dat zijn seksuele geaardheid bekend wordt en wanneer hij in geweten overtuigd is dat hij in staat is tot een manifeste affectieve volwassen relatie met mannen en vrouwen, kan niemand hem dwingen om dit bekend te maken. De wijding zal geldig zijn en ook als hij later zondigt tegen het zesde gebod, zoals zo mooi eufemistisch gezegd kan worden in de Kerk, blijft zijn priesterschap, dat hem immers niet meer ontnomen kan worden[20], overeind.

De Instructie zal ongetwijfeld als een preventief instrument bedoeld zijn: ter voorkoming van het wijden van ongeschikte priesterkandidaten. Ik vrees dat de instructie haar doel voorbij zal schieten en een onderdrukkend gevolg zal hebben en de sfeer in priesterseminaries niet verbeteren. De instructie zal leiden tot repressieve maatregelen tegen priesterkandidaten, tegen twijfelachtig gedrag, tegen onzekerheden van studenten.

De reacties van bisschoppenconferenties en toonaangevende religieuzen, zoals Timothy Radcliffe[21], laten bovendien zien dat er ruimte tot interpretatie wordt genomen. Ook het recht zelf heeft verdedigingsmechanismen die nog fier overeind staan. Als het seminarie een goede

[20] Ook als de priester tot de lekenstand wordt teruggebracht, blijft het merkteken van het priesterschap bestaan, c.290

[21] Artikel in Tertio, 7 december 2005, dat een vertaling is van zijn artikel in The Tablet.

opleiding canoniek recht kent, zullen de studenten daar graag kennis van nemen.

Dan rijst wel de vraag: had de Congregatie iets anders kunnen doen? De crisis die ik aan het begin geschetst heb en op twee fronten nu gevoeld wordt, vraagt zeker om maatregelen. Zonder de pretentie van een afdoende maatregel te presenteren, pleit ik voor een benadering die niet nog dichter op het geweten van de kandidaat wil zitten, om daar maar alles uit te halen wat er in zit. Het publieke forum, het forum externum, kan zich alleen bezig houden met hetgeen publiekelijk gekend kan en mag worden: de seksuele geaardheid blijft daar buiten vallen. Het gaat om het handelen en om het optreden van priesterkandidaten.

De laatste jaren heeft een aantal Nederlandse bisschoppen gedragsregels voor werkers in het pastoraat vastgesteld. Ook de beroepsvereniging van pastorale beroepskrachten in Nederland kent al jaren een beroepscode. Daarin wordt beschreven welk gedrag passend en niet passend is voor pastorale beroepskrachten. Niet alleen de relatie met de gelovigen wordt hier beschreven, Ook de relatie met de diocesane bisschop en met andere pastores komt hier aan de orde. Een antwoord op de crisis van het priesterschap moet mijns inziens meer in deze richting worden gezocht. Het forum internum staat dan niet onder druk en de bisschop heeft een publiek aanvaard instrument om de priesters, diakens en andere kerkelijke ambtsdragers te beoordelen.

AFFECTIVE MATURITY: THE JURIDICAL APPLICABILITY OF A PSYCHOLOGICAL CONCEPT

AD VAN DER HELM

INTRODUCTION

In the instruction being object of our study today, a very personal aspect of life is raised: sexuality. The Church has a long tradition in setting foot on this field. It considers itself competent in this field, because sexuality and morality are strongly linked and the Church is of the opinion that she may pronounce herself in an authoritative way in this field. Homosexual behaviour, the granting of support to the '*gay culture*', as well as deeply rooted homosexual inclinations are viewed in the instruction as reasons not to allow men to be ordained. The arguments advanced for this are that these men are not capable to engage in mature relations with men and women.

The question I will raise is, just as with the preceding lecturers, more of a technical-juridical nature, rather than a judgement with respect to the contents of the opinions of the Congregation: What does a simple canonist exactly know about affective maturity?

The actual question is whether canon law really allows that reasons of this nature may lead to exclusion of ordination? How is knowledge about someone's sexual inclination obtained and what is permissible and what isn't in this matter? The instruction partly embarks upon a field that from times immemorial enjoys a large protection: the forum internum. The question raised is whether the instruction applies an appropriate use of the forum internum.

CRISIS

The Second Vatican Council had great expectations from priests. The bishops of the Council desired that priests live in this world among men. *They are to live as good shepherds that know their sheep, and they are to seek to lead those who are not of this sheepfold.* They are recommended to cultivate the virtues, *which in human affairs are deservedly esteemed, such as goodness of heart, sincerity, strength and constancy of mind*[1]. The third chapter of the decree about priesthood and the life of priests ends with a citation from the Philippians: *Whatever things are true, whatever honourable, whatever just, whatever holy, whatever loving, whatever of good repute, if there be any virtue, if anything is worthy of praise, think upon these things*[2].

The Church has high hopes in the priests and the period where scarcely any questions surfaced about this matter lies only one generation behind us. A priest was an evident appearance, an integer human being, having devoted his life to Christ and his Church. To that end he has given up a lot of his own life and placed it in service of the people for whom he was appointed by a bishop or a superior. He had a calling to spiritually lead communities of faith, such as parishes, was appointed to make a contribution to the education of children and youngsters in catholic schools, was asked to be a source of inspiration for all kinds of religious associations. The priest was an authority and even if some existed who went to battle by fire and sword with their ecclesiastic power, there were many priests talking with authority (Mark 1:22), priests of the holy, with whom your deepest secrets were safe, in whose presence you could count on consolation and experience God's sacramental presence. A man where closeness and security seemed to go hand in hand.

The conciliar vision of priesthood has wanted to place the priest more between the people and in the communities of faith. It is striking that the conciliar decree about the office of the priest makes frequent use of the term *presbyter,* whilst the term *sacerdos* is used a lot less frequently. A new (not really new of course, because it concurs with the ancient epistles of St Paul) accent is laid on the priest in his role as person in charge of the congregation. In the reform councils of the Middle Ages and certainly from Trent on, the accent had come to lie on the server of the holy, the *sacerdos*. In the *presbyter* the role of confidentiality was put in the forefront: in addition to server of the holy he also became a brother and a father, the personal bond was more and more seen as the basis of the celebration of the sacraments and of his leadership. Even in literature priests were described, who despite of their human imperfection and sinfulness, were able to display a great heroism. The whiskey-priest from *The Power and the Glory* of Graham Greene is unforgettable and has no doubt offered consolation to many priests in their hidden struggle[3].

[1] Presbyterorum ordinis 3
[2] Phil.4:8
[3] First edition in 1940 and translated in many languages.

The priest in the Western culture has since long lost such heroic standing. On two fronts priesthood of the Catholic church is under pressure. Questions are raised about its theological-historical foundation: does the sacrament of the ordination request the conditions that are now laid down? Is the monastic orientation of priesthood indeed the only possible one compared to the description of the offices that Paul and other give in the Scriptures of the early Church? The restriction of ordination to men, and in the Latin Church to celibate men, makes one frown his brows. Does it fit in the Christian anthropology where the equivalence of men and women has become a core element? Does it fit in the upgrading of sexuality, which has become the base of a new theology of marriage? The ideal picture of Vaticanum II was rapidly outrun by developments of theological and historical research; the influence of social sciences was just as fundamentally critical. The critical approach however didn't remain limited to this theological-historical designing of priesthood.

The crisis took a tragic turn by the shocking number of priests and religious who got implicated in charges of sexual abuse in pastoral and non-pastoral relations. Not only in the United States, but also in Belgium, the Netherlands and elsewhere, priests were charged and convicted by civil courts for such criminal offences. Ecclesiastic punitive measures were necessary up to and including the exclusion from the clerical orders. This is an extremely heavy punishment for the Catholic Church, the only one that could be applied in these situations[4].

This compelled particular churches to take extensive measures. Procedures – with varying success – were developed to handle charges. These procedures were, for their part, criticized: the *zero-tolerance* policy that some in the US stood for led to violation of the rights of the priests and religious charged. In Belgium it was doubted whether the complaints procedure of sexual abuse would offer sufficient legal solace. In the Netherlands, where since 1995 the national ecclesiastic Institute for aid and justice handles these cases as part of a domestic ecclesiastic discipline proceeding and as aid to the victims, the question led later on to an adjustment of the insurance policy: such wrongful acts were no longer covered by the risk liability insurance. It finally led to it that the Congregation for the Doctrine of the Faith drew the competence with regard to the

[4] In the Netherlands Hulp en Recht (Assistance and Justice), the national ecclesiastic institute for aid and for justice for people having become victim of sexual abuse by priests, religious and ecclesiastic workers, has published numbers: in 1998 there were 27 cases, the following year 5, in 2000, 14. Report 1998-2000. In 2006 15 cases were reported. Report 2006

punishment of serious offences to itself. Sexual abuse of minors by clergymen is also covered by it. Without saying it with as many words, this reveals a lack of faith in the capability of local bishops to take decisive measures[5].

The second front of the crisis of priesthood in the Western Latin church affects, through the events described above, the priest in his person, in his intimacy. The instruction of the Congregation of the catholic education focuses on that same intimacy: the sexual inclination of the priest and the behaviour possibly connected to it. Homosexuality is considered by the Catechism of the Catholic Church as a disordered phenomenon that doesn't fit in the order of creation (CCC 2357-2359). As long as it doesn't reveal itself, one cannot yet talk about sin. Homosexuality is considered in the instruction as a factor obstructing the priest candidate to reach affective maturity, adulthood. His relation to people is to a serious extent negatively influenced by it. The judgement of affective maturity is in this way also made dependent, by the instruction, on knowledge of an intimate aspect of a candidate, his sexual inclination.

I believe that there is no direct relationship between homosexuality of priests and the crisis described above. I think that the crisis arises from a development where constantly is tried to deny the sexual aspect or to eliminate it. Inclination and behaviour are not made into a subject of discussion, but are judged based on stereotypes. All those bearing responsibilities in seminaries should know that a path full of risks is stepped upon in this matter.

TRAINING TO BE A PRIEST

Is the instruction an effective instrument for what the Congregation wishes, i.e. that men with deeply rooted homosexual inclinations are not admitted to ordination? The instruction does not only centre on the behaviour, on acts, on facts, but also on the person of the priest himself and especially his sexuality. For many this appears to be an infringement of the privacy of humans. That however is a statement against which can be argumented. I doubt whether these arguments are sufficient from the point of view of canon law.

[5] A lot was said about the norms proclaimed with the *motu proprio Sacramentorum Sanctitatis Tutela*: the letter itself was published in the *Acta Apostolicae Sedis* 93, 2001, 737-739 but without the norms. Very soon they appeared on internet, amongst others, in the National Catholic Reporter, November 2002.

The instruction builds on a long tradition in the training of priests in the Catholic Church whereby the personal development is explicitly involved. The training of priests means more than an education where knowledge and skills are acquired, and not without reason. Since the Reformation, the Catholic Church has learned that, because of the reformation it undertook in its own circle, it needed well-trained priests. And exactly the quality of the priestly order left much to be desired. Besides other abuses in the Church, the priests were, because of their limited knowledge, and their neglected culture of prayer a thorn in the flesh of many faithful[6].

The Catholic Church has made choices in that period to train men to be a certain type of priest. The council of Trent opted for a seminary model: a boarding school model, where life, study, prayer and recreation took place under the same roof[7]. Sometimes boys already left their home at the age of twelve to attend to their secondary school training in a preparatory seminary and at a later stage to study philosophy and theology in the Episcopal seminary. The influence on the education of the personality of these young boys, who came under the influence of the church at such an early stage, was uncommonly great. Moreover, even more elements may be cited, such as on the culture of prayer, borne by the daily mass and the daily breviary reciting, inspired by the choral prayers of the monks. In the Code of 1983 it was taken down in the canons about the seminaries 234 and 237. The bishop is incited to set up a preparatory seminary or to promote in another way the general human formative and scientific training of youngsters. In each diocese, an Episcopal seminary must exist; otherwise the students must be entrusted to another one or to an interdiocesan Episcopal seminary. The contents of this training is also more explicitly detailed in the code (cc.245-248).

The training of a man to deacon and priest takes place at two levels. One level is the public level: knowledge and skill, behaviour, human contact. That are the apparent elements that can be proven and may be discussed in the public forum. The other level withdraws from the perception of the direction of the seminary.

[6] For a lively description of the abuses in church and society in the 14th century: F. Stonor Saunders, *Hawkwood, Diabolical Englishman*, Londen, Faber& Faber, 2004. The book starts with a lively description of the fourteenth century.

[7] In the so-called French model, all elements were accommodated in one institution. This model also functioned in The Netherlands and in Belgium. The German model applies a difference (distinction), whereby the philosophical and theological studies were attended in a university faculty. Furthermore, the students lived together in a so-called priest convict. Both models are still permitted.

The priestly celibacy and sexual morale played an important role in this intensive training. Sexuality was often experienced as threatening to the priestly vocation. Private friendships were watched over, even inside of the seminar. The code warns not to speak too lightly about this with the students (c.247 § 2).

This in-depth training didn't mean that the candidate had to expose himself all the time to his educators and to the direction. In the seminary, persons were appointed who were allotted a role in the personal training of the candidate, but who were placed beyond the direct evaluation of the suitability for ordination and the candidate also has the liberty to search for advisers himself. The current code mentions three functionaries: the *spiritus director* (c.239 § 2), the *moderator vitae spiritualis* (c.246 § 4) and the confessors (c.240 § 1). The latter have a clearly determined assignment, also determined in the canons about the secrets of the confessional (i.e. c.983 § 1).

The *spiritus director* is appointed in the seminary itself[8], the *moderator* of the spiritual life not. In both cases the candidate may also consult other priests. The candidate may not choose anyone as spiritual: this priest must have received an assignment from the bishop. Such a condition is not mentioned for the moderator of the spiritual life. He is not a collaborator of the seminary and as such must not have received an assignment for this from the bishop. As well the spiritual as the confessors are excluded from the decisions concerning the exclusion of candidates and their admittance to ordination. The same *a fortiori* applies to the moderator of the spiritual life, who is not part of the seminary.

It must be determined that the candidate meets a spiritual. Without talking about the contents of the meetings, the rector of the seminary may verify whether the spiritual coaching actually takes place[9]. According to certain canonists the rector may ask the candidate which advice was given by the spiritual. Others think that here again the forum internum offers protection: exclusively the fact that the candidate has spoken to the spiritual may be inquired about. The contents of the advice continue to be part of the forum internum. I too share this opinion with all my heart[10].

[8] C.239 leaves open who appoints the spiritual.

[9] E. Pucher, *Zum Verhältnis von Forum Externum und Forum Internum besonders in der Ausbildung der Kleriker* in *ÖAfK* 38, 1989, 494-504, cf p. 502.

[10] Pucher refers to the articles of Coccopalmerio and of Montini published on this matter.

Whilst the Church, as it were, wants to crawl deeply into the soul of the candidate in the person of the confessor and other clerical advisers, the canon law has guarded against it that the knowledge, obtained through those channels, is directly used for publicly known legal acts, such as excluding a candidate[11]. A clerical confidant or confessor will not be able to have others make use of his information on the person in order to pass a certain judgement. The distinction in canon law between forum internum and forum externum is very sharply elaborated in this context.

The Tridentine model was largely adopted by the council, while the vision on priesthood showed large shifts of emphasis. The contents of the priestly training therefore needed to be reformed. In 1992, Pope John Paul II wrote the papal exhortation *Pastores dabo vobis*. There he described his vision on the priestly training: it takes place in four fields: spiritual, intellectual, pastoral and human[12]. The instruction of 2005 explicitly builds on this and goes into the human training with respect to sexuality. The fact that the instruction makes its way into this field is therefore a logical development considering history. Sexuality is part of the human being and it fits in his training that he learns to cope with it in a mature way. That applies to all sexuality, but for men, who want to live in celibacy, even more.

THE INSTRUCTION

In the instruction, a certain behaviour (homosexual acts and the support of the '*gay culture*') and a personal characteristic are distinguished: the deeply rooted homosexual inclinations. The latter must again be distinguished from homosexual feelings of a transitory nature. The precise interpretation of these concepts is not given. The comments of Mgr Tony Anatrella, consultor of the Pontifical Council for the family and of the Pontifical Council for health, leave little room: every homosexuality not being the consequence of the pubertal development, but being a permanent inclination, irrevocably leads to affective imbalance: indeed, the man has not found his masculine identity[13]. A conclusion is made on the basis of a personal sexual characteristic, where it is not the candidate himself who judges whether he is capable of affective maturity. This

11 The in seminary circles famous and notorious *Consilum abeundi*: the advice to leave.

12 John Paul II, Pastores dabo vobis, nr. 48-59.

13 Mgr T. Anatrella, *Le sacerdoce et l'homosexualité à la lumière de l'anthropologie chrétienne* In *La Documentation Catholique* 88, 2006, 27-33.

conclusion was already made by this interpretation of the instruction. In other words: if the candidate reports that he has homosexual inclinations, the conclusion will have to be that he is not capable of mature affective relations.

Another opinion may be found in the declaration of the Swiss bishops' conference that considers it quite possible that homosexual men are capable of mature affective relations[14]. Other bishops' conferences also are of the opinion that their acceptance policy and their judgement policy don't have to be adapted[15]. Mgr Anatrella will label them as naïve and plead for it that the inclination leads to refusal of the candidate.

The declaration of the American bishops shows an interesting interpretation of the Roman instruction in two points. In first instance they translate persons with deeply rooted homosexual inclinations with '*if he identifies himself principally by a homosexual inclination or orientation*'. In second instance they talk about a manifest affective maturity. As far as the first item is concerned, I cannot correctly judge whether the other formulation, just as for the Swiss bishops, means that a different vision of homosexuality can be found behind it. Maybe the psychiatrist will be able to cast a better light on it this afternoon. As far as the second is concerned, the American bishops make it clear that they want to start from what can be established and demonstrated with facts.

The instruction accurately describes which responsibilities the different actors play in the acceptance procedure. The Ordinaris or the Higher Superior must be able to pass a moral judgement about the suitability of the candidate on the basis of the opinion of those who are responsible for the training. When doubt, the ordination must not be proceeded with. The rector of the seminary must also pronounce himself on the suitability of the candidate, furthermore nourished by the insights of the others, who play a role in the training in the seminary.

Just like the code, the instruction names the spiritual adviser of the priest candidate. The spiritual adviser works in the internal forum and is bound to observe secrecy. He too must enter into conversation with the candidate and point out the requirements of the church in the fields of chastity, the affective maturity and help him to decide whether he has

[14] The Swiss bishops have already published a declaration before the Roman instruction was published: d.d. 22 November 2005. Cf. *La Documentation Catholique* 88, 2006, 33-34. They state "*une prédisposition homosexuelle vécue dans la continence n'exclut pas du ministère ecclésial*". They talk in a positive way, even of a *particular charisma*.

[15] Dutch bishops' conference, declaration d.d. 29 november 2005, Belgian bishops, declaration d.d. 29 november 2005, American bishops: http://www.usccb.org/wss-statement.pdf

the qualities required. The spiritual adviser as well as the confessor, working in the sacramental internal forum, must advise the candidate against ordination if there is question of a homosexual practice or of homosexual inclinations.

Finally the candidate himself is the primary responsible of his own training. He must submit himself to the judgement of the church in all confidence. If a candidate hides his homosexuality, he is dishonest to that extent, that he does not comply with the spirit of truth, loyalty and availability that may be requested from a priest.

This summary attracts the attention to the fact that the instruction considers acts and facts (behaviour, support of the *'gay culture'*) the same way as homosexual inclination. Is that a fact that can and may be publicly known? This information cannot be counted against a person – even according to the Catechism of the Catholic Church. May it be used as a fact for a publicly known decision, i.e. the refusal to be admitted to ordination? That fact has great consequences. If someone returns from the seminary to the parish he came from, he is publicly known as a homosexual rejected as priest candidate. Here the alarm of c.220 starts to sound protecting the personal privacy / *propriam intimitatem.*

In second instance the relation between forum internum and externum is under pressure. The candidate must himself shed light on certain items for others to pass judgement on it. Here it concerns a very subjective judgement: is someone capable of affective richness, maturity? Pressure is exerted on the candidate to divulge an aspect of his private life, so that others may draw conclusions from it.

The religious right knows the tension between the obedience of a member of an institute of sacred life in respect of his/her superior. It is conceivable that a policy in the community leads to moral problems of a member of this community. The obedience is one of the three evangelical councils forming the basis of religious life (c.573 § 2, 575) and is described in c.601 as a submission of the will. The comments show however that there cannot be question of rigid discipline: this submission of the will cannot rule out intellect and intelligence. The formulation the legislator has chosen reduces the conciliar vision of religious obedience (PC 14) to a limited opinion that the religious must submit to[16]. Elsewhere in religious right in the code the protection of the forum internum also comes up for discussion. Superiors in institutes of ordained life are

[16] A. Kaptijn, *Submission of the will and violation of the vow of obedience. Contributions to the discussion of canon 601* in *The Jurist* 56, 1996, 307-337.

not allowed to claim a *manifestatio conscientiae* from the subordinate members of the institute. They may not be asked to publicly divulge the conscience and the twinges of conscience (630 § 5). Just as in the seminary, here it isn't allowed either that the superior is the usual confessor of the subordinates (630 § 4). Here too the forum internum offers protection against all too intrusive superiors.

INTERNAL FORUM

The forum internum constitutes in the church a separate area of law where the faithful may share his conscience with a confidant, possibly a priest or a religious with respect to his superior, without it becoming public. Not only twinges of conscience, but even certain acts and facts may be trusted to someone else in that forum, without public consequences being linked to it. Governing power is exercised, but that can be limited to the internal reach of the law. The object of it is the spiritual welfare. For the canon law is more than merely a juridical instrument to allow the ecclesiastic organisation to function well, but it is also oriented towards the spiritual welfare of the individual faithful. If an ecclesiastic public situation would prevent a faithful to open his soul honestly and free, either in the sacramental confession or in another situation of confidence, it does not help the salvation of the soul.

These two areas of law are not two completely separate worlds, and after the second Vatican council, the bishops pleaded that these two fora be as little as possible in contradiction with one another[17]. However, the distinction is maintained and the code speaks of one governing power that is exercised either publicly or in secret (c.130).

Huysmans distinguishes between the internal area of law and the reach of conscience. In the first there is question of exercise of governing power over a faithful, whilst in the second a person takes a decision himself based on his conscience. During the council there was an important foundation of the perception of man[18]. Huysmans continues to reason that the

[17] The Synod of bishops of 1967 formulated about ten principles for the revision of the code. The second principle reads as follows: the code must encourage the harmonious relation between *forum internum* and *forum externum*, must limit the conflict between those two to a minimum, particularly where it concerns the sacraments and the ecclesiastic punishments.

[18] Gaudium et Spes 16: In the depths of this conscience the human discovers a law, that he doesn't enact for himself, but to which he must obey and of which the voice, ever summoning him to love and do the good and to avoid the bad, can be heard at the right moment in the ears of his heart: do this, avoid that.

tradition of law acknowledges that someone may find himself in an awkward predicament if he experiences a collision between ecclesiastical law and the personal knowledge of the truth in his conscience. At that time it cannot be asked to go against God. For the time being it remains unclear which public consequences must be given to it[19]. But when someone opens up his conscience to a spiritual adviser and tries to come to terms with himself and God, must it remain hidden from the public sphere of the church, to which the direction of the seminary also belongs.

The forum internum protects the conscience of the faithful and in this case of the priest candidate and creates a space where he receives spiritual guidance and may take conscientious decisions that even collide with ecclesiastical laws. This weakens the basis of the instruction.

The Congregation is caught in a difficult position and the instruction testifies to it. It cannot use force against the area of conscience or the forum internum is neutralized. The instruction recognizes that in the end the candidate is the only person disposing of the key to his inner self. A great moral pressure is put on the priest candidate. The shortcoming of the instruction is that the legislation protecting the internal forum and the freedom of conscience of the candidate is not mentioned. However, that legislation remains completely valid. An instruction may not neutralize it, however close it has come to be legislation, as Torfs argued this morning.

A consequence that the Congregation probably does not desire either could be that the candidates will share their inner struggle with homosexuality with their spiritual advisers with even more hesitance. Will they, despite the legal interdiction, send certain signals to the direction of the seminary that reveal the sexual inclination of candidates? And what shall one think of the fellow students, who at the same time are housemates? How open does one dare to be in this respect?

REPRESSIVE OR PREVENTIVE?

The instruction tries, with all its might, to throw a bridge to the inner self of the candidate. The limits of the law are clear: if the candidate doesn't want his sexual inclination to be known and if he is, in

[19] R.G.W. Huysmans, Algemene normen van het wetboek van canoniek recht, Leuven, Peeters, 1993, p.271-273. (Novum commentarium Lovaniense in codicem iuris canonici.)

conscience, convinced that he is capable to engage in a manifest affective adult relation with men and women, no one can force him to make this public. The ordination will be valid and even if later on he transgresses the sixth commandment, as the Church may nicely put it in a euphemistic way, his priesthood, that after all cannot be taken from him any more[20], remains.

The Instruction is undoubtedly meant as a preventive instrument: in order to avoid ordination of unsuitable priest candidates. I am afraid that the instruction will overreach itself and that it will have a repressing effect and that it will not improve the atmosphere in priest seminaries. The instruction will lead to repressive measures against priest candidates, against doubtful behaviour, against uncertainties of students.

The reactions of bishops' conferences and authoritative religious, like Timothy Radcliffe[21], furthermore show that there is room for interpretation. Even law itself has defence mechanisms that still proudly stand upright. If the seminary has a good training in canon law, the students will gladly become acquainted with it.

Subsequently the question arises: could the Congregation have done something else? The crisis I outlined in the beginning and that is now pursued on two fronts, requests measures for sure. Without pretending to present an adequate measure, I plead for an approach that does not want to sit even closer on the conscience of the candidate, only just to squeeze out what it contains. The public forum, the forum externum, can only deal with what can and may publicly be known: the sexual inclination remains, as far as I'm concerned, to be excluded from it. It concerns the acts, the behaviour of priest candidates.

The last few years a number of Dutch bishops determined rules of conduct for pastoral workers. Even the professional association of pastoral workers in the Netherlands has a professional code since several years. In this code is described which behaviour is suitable or not for pastoral professionals. Not solely the relation with the faithful is described here, the relation with the diocesan bishop and with other pastors is also under discussion. An answer to the crisis of priesthood must, in my opinion, be sought rather in this direction. The forum internum is in that case not under pressure and the bishop has a publicly accepted instrument to judge the priests, deacons and other ecclesiastic incumbents.

[20] Even if the priest is reduced to lay status, the identifying mark of priesthood remains, c.290

[21] Article in Tertio which is a translation of his article in The Tablet.

HOMOSEKSUALITEIT VANUIT PSYCHIATRISCH OOGPUNT: ETHISCHE REFLECTIES

ARNOLD BEYNE

VOORWOORD: STRUCTUUR EN INVALSHOEK VAN DE LEZING

Ik heb ervoor gekozen bij de benadering van de vraag of homoseksualiteit een stoornis is, te vertrekken vanuit de conceptuele vraag wat 'een stoornis' is. 'Een stoornis' is immers het sleutelwoord, dat het antwoord op die vraag zijn betekenis geeft.

Ik probeer deze benadering in de 'Inleiding' te verduidelijken. In de 'Inleiding' geef ik tevens aan wat ik in deze lezing onder homoseksualiteit versta.

In de 'eerste lezing' geef ik het antwoord op de vraag of,voor de psychiatrie, homoseksualiteit een stoornis is en verduidelijk ik door wie deze beslissing gedragen wordt.

In de 'tweede lezing' probeer ik uitgaande van de Code van de medische plichtenleer de intentionaliteit en het perspectief van de geneeskunde te verduidelijken. Daarop voortbouwend geef ik dan de definitie voor een mentale stoornis uit de DSM weer en formuleer ik de door Dr. P. Appelbaum geformuleerde criteria voor een verantwoorde therapie.

In het vierde deel van deze uiteenzetting bespreek ik aan de hand van de geformuleerde definitie voor een mentale stoornis en de geformuleerde criteria voor een verantwoorde therapie de implicaties van de schrapping van homoseksualiteit als stoornis.

In de conclusie vat ik dan nog eens kort het standpunt van de psychiatrie, en mijzelf, tav 'homoseksualiteit als geaardheid' samen.

I. INLEIDING: UITGANGSPUNTEN EN KORTE SITUERING

1. Seksuele geaardheid en identiteit:

- Als ik het heb over homoseksualiteit dan heb ik het over de geaardheid (sexual orientation) op zich, het loutere feit zich seksueel te oriënteren op seksgenoten.

– Ik heb het niet over hoe men met die geaardheid omgaat of hoe men die integreert in de persoonlijke levenswijze en handelen. (sexual identity, sexual behaviour)
  • *Seksuele oriëntatie, identiteit en gedrag, zijn drie onderscheiden domeinen die natuurlijk met elkaar in verband staan, maar niet tot elkaar herleid kunnen worden.*
  In de vraag hoe iemand kiest om te gaan met zijn seksualiteit, of hoe iemand zijn seksuele identiteit ziet, is de invulling van de eigenlijke geaardheid niet meer dan de concrete invulling van één variabele, één uitgangspunt.
  Zo zal in een verwerkingsproces wat verwerkt dient te worden natuurlijk een belangrijk element zijn, maar het is de verwerking en de problemen daarbij die de hulpvraag bepalen. Het verwerkingsproces staat centraal.

2. Wetenschappelijk denken t.o.v moreel ethisch denken:

– Klinisch diagnostisch denken hoort uit te gaan van wetenschappelijk onderbouwde en observeerbare gegevens. Moreel ethische elementen zijn geen kern-element in het medisch diagnostisch denken dat op fundamentele wetenschappen en observatie teruggaat.
  • *Een arts dient zich wel bewust te zijn van zijn ethische uitgangspunten. De aard van zijn activiteit vereist dit. Het is ook nodig bewust de invloed (bias) van een ethische vooringenomenheid in zijn klinisch en therapeutisch oordelen te kunnen inschatten. Ethische kwesties horen echter bij voorkeur thuis in een ethisch debat en zo min mogelijk in een diagnostisch debat.*
  • *Hoe men kiest om te gaan met de eigen seksualiteit of geaardheid, is grotendeels een morele vraag die slechts zeer uitzonderlijk 'gemedicaliseerd' kan worden: namelijk wanneer men door de gemaakte keuzes derden of zichzelf in gevaar brengt. Het moge duidelijk zijn dat dit een bijzondere situatie is die hier niet aan de orde is.*

3. Het begrip 'Stoornis': een probleem van definitie, conceptualisatie:

– De vraag of homoseksualiteit al dan niet een stoornis is, wordt bepaald door de manier waarop men 'een stoornis' definieert. Dit definiëren is op zich een conceptueel probleem.
  • *Wetenschap gaat over juist of fout. Ze observeert, beschrijft, formuleert en toetst hypothesen. Normaliteit is voor haar een statistisch begrip en niet meer dan dat.*

- *Conceptuele vraagstukken zijn filosofisch – in het verlengde daarvan eventueel theologisch – van aard en kunnen dan ook enkel op dat niveau begrepen, benaderd en uitgeklaard worden.*
- *Filosofie gaat over de zinnigheid,de betekenis,de definitie van begrippen,concepten. Niet over juist of fout maar over redelijkheid, nuttigheid en zinvolheid.*

– Concreet toegepast op de vraag of homoseksualiteit een stoornis is, kunnen wetenschappelijke hypothesen en onderzoeken m.i geen verheldering brengen, noch om te stellen dat het een stoornis is, noch om het tegendeel te beweren. Voor de wetenschapper is een studie object, een studie object; niet iets wat juist of fout is, normaal of abnormaal, maar iets wat hij bestudeert en waarin hij probeert inzicht te verwerven.

– Als de gestelde vraag conceptueel is, heeft wetenschap dan nog zin?
  - *Ja, natuurlijk heeft wetenschap zin.*
  - *Zoals het concept richting geeft aan wetenschappelijk denken, daagt wetenschappelijk inzicht de bestaande concepten –van waaruit ze richting krijgt – ook uit.*
  - *Wetenschappen gebruiken concepten in de opbouw van hun methoden en hypothesen. Wetenschappelijke inzichten bevragen concepten naar hun zinvolheid.*
  - *Op deze wijze beïnvloedt de wereld van de wetenschap de wereld van de filosofie en omgekeerd de wereld van de filosofie deze van de wetenschap. Echter zonder in elkaar over te gaan*

4. De concepten, de wetenschappen, de arts en zijn stoornissen:

– De geneeskunde is een toepassingswetenschap die wetenschappelijk inzicht uit verschillende deelwetenschappen samenbrengt en toepast in functie van haar doelstellingen.

– Begrippen en termen kunnen vanuit meerdere wetenschappen anders bekeken worden maar ultiem zullen ze allen de toets van de klinische praktijk moeten doorstaan. Hiermee bedoel ik dat concepten die binnen het medisch handelen gebruikt worden ultiem altijd met de doelstellingen van de geneeskunde zullen samenhangen en zich bij wijze van spreken aan het 'ziekbed' zullen moeten bewijzen.

– Ik kom daar in de tweede lezing op terug. Voorlopig volstaat het te benadrukken dat hoe men iets medisch definieert en benoemt, altijd begrepen moet worden vanuit de intentionaliteit van de geneeskunde, zowel in zijn diagnostiek als in zijn handelen.

5. Homoseksualiteit en de wetenschappen:

- Ik kies er bewust voor om het thema niet te benaderen vanuit alle mogelijke wetenschappelijke benaderingswijzen. Dit zou immers in essentie voorbijgaan aan de kern van de vraag of homoseksualiteit door de psychiatrie als stoornis gezien wordt of niet en het zou tevens de lezing al te zeer bezwaren met technische gegevens.(voor de geïnteresseerden op dit vlak kan ik ref [1] aanbevelen).
- Hoewel ik niet in ga op verklaringswijzen wil ik voor ik deze inleiding afsluit een belangrijke bemerking maken:
  - *Men kan elk menselijk zijn vanuit verschillende benaderings-niveaus proberen te begrijpen: de mens van individu tot interactioneel wezen,van orgaan tot molecule.*
    Dit zet theorieën uit de psychologie, de biologie en de sociologie naast elkaar, geen enkele allesomvattend, allen potentieel waardevol in wat ze als gegevens, inzichten en hypothesen aanbieden.
    De geneeskunde put uit tal van deze benaderingswijzen om tot een geredelijkt inzicht te komen in de mens, zijn problemen en zijn hulpvraag.
  - *In dat opzicht is het in het kader van deze lezing wel van belang duidelijk te stellen dat er voldoende wetenschappelijk onderbouwde gegevens zijn die aangeven dat een seksuele geaardheid (sexual orientation) niet gereduceerd kan worden tot aangeleerd gedrag en dat het dus redelijk is het te benaderen als een zijnsgegeven eerder dan als een louter aan- of afleerbaar gedrag.*

II. EERSTE LEZING: UIT DE 'DIAGNOSTICAL AND STATISTICAL MANUAL OF MENTAL DISORDERS'

1. Is homoseksualiteit een psychische stoornis?

- *Dit is eigenlijk een vrij eenvoudige vraag wanneer we teruggrijpen naar het meest toonaangevende rubriceringsysteem voor mentale stoornissen (DSM): Nee!*
- *De reden: We zijn het er als psychiaters over eens dat het dat niet is. In 1973 werd hierover gestemd en de meerderheid stemde dat het niet langer als stoornis gezien mocht worden.*

Omdat de ene profetische orde de ander waard is, is enige toelichting hierbij wel nodig.

De consensus rond het feit dat homoseksualiteit geen stoornis is, moet gezien worden vanuit het perspectief van waaruit de psychiatrie en de geneeskunde in het algemeen de problemen en vragen waarmee ze geconfronteerd worden, benaderen.

Ik zal dit nader toelichten in de tweede lezing.

Vooraleer ik dit doe wil ik toch even de uitgangspunten en werkwijze van de DSM verduidelijken.

Ik zal daarna ook aangeven wat men rond geaardheid nog terugvindt in dit rubriceringsysteem.

2. Uitgangspunten van de DSM

De DSM is een rubriceringsysteem voor psychische aandoeningen: een diagnostisch werkmiddel gebaseerd op een categoriale indeling van de mentale stoornissen of syndromen.

Het is in de eerste helft van vorige eeuw dat in Amerika de behoefte ontstond om te remediëren aan de Babylonische spraakverwarring, ontstaan door de in verschillende instituten gehanteerde diagnostische terminologieën.

Dit remediëren was noodzakelijk om een nationaal beleid mogelijk te maken en het was dan ook de staat die 'Te First National Conference on Nomenclature' in de schoot van de American Psychiatric Assciation samen riep, en opdracht gaf dit systeem op poten zetten.

Deze conferentie bestond uit vertegenwoordigers van de staat en van alle belanghebbende betrokken beroepsgroepen en hun verenigingen.

Het had als doel via consensus te komen tot een rubricering van de verscheidene aandoeningen op een manier die voor iedereen eenduidig en aanvaarbaar was en die statistisch onderzoek mogelijk maakte

Van in de aanvang leverde het dan ook een werkstuk op, gedragen niet door de mening of visie van een mens of team, maar gedragen door de beroepsgroep.

Dit rubricerend handboek moet men ook zien als een constant evoluerend document dat met het werkveld mee evolueert en probeert een eenvormige taal, gekozen op basis van consensus, beschikbaar te houden.

Waar het initiatief zich in aanvang in de Verenigde Staten ontwikkelde, won het in toenemende mate aan belang en geldt het momenteel als standaard- referentie in het diagnostisch categoraal taalgebruik. Het segment over mentale stoornissen in het door het WHO uitgeven ICD systeem is in samenspraak met de DSM uitgewerkt. Dit illustreert de wereldwijd geaccepteerde uitstraling van het systeem.

In de loop der jaren werd de wijze van rubriceren aangepast en sinds de derde editie is het gebaseerd op een multi-axiaal systeem met expliciet geformuleerde diagnostische criteria en een beschrijvende aanpak, die probeert ethiologisch neutraal te zijn, m.a.w die zo onafhankelijk mogelijk probeert te zijn tav de verschillende hypothesen en visies rond de onderliggende ontstaansmechanismen van stoornissen.

Tevens geeft het zich in zijn ontwikkeling rekenschap van de mogelijke sociaal filosofische invloeden, en streeft het na zo neutraal mogelijk te zijn op dat vlak. Waar nodig worden socio-culturele verschillen expliciet vermeld.

3. Verwijzingen naar geaardheid in de DSM:

Homoseksualiteit verdween reeds in 1973 uit de categorieën van de DSM. Indirect bleef het bestaan onder de term ' ego dystone homoseksualiteit'. Deze term werd gebruikt voor patiënten die zich verzetten tegen of moeite hadden met de integratie van hun gepercipieerde geaardheid..

Het diagnostisch kader en de gebruikte terminologie bleef echter evolueren en verschoof steeds meer van de geaardheid naar de integratie ervan in het eigen zijn.

De term homoseksualiteit verdween in 1987volledig uit de DSM en in 1993 uit de ICD 10.

Hiermee eindigde het officieel medisch stigmatiseren van de homoseksuele geaardheid.

Er blijft een strekking bestaan die deze mening niet deelt en die homoseksualiteit blijft zien als een stoornis. Deze vertegenwoordigt echter slechts een zeer klein deel van de medische en zeker van de psychiatrische wereld.

Ik vermoed dat een verwijzing naar ontreddering door de geaardheid in de lijn van deze minoriteit onder het hoofdstuk 'sexual disorders' is achtergebleven (cfr infra 30.2.9). De geaardheid zelf is hier opnieuw niet hetgeen de stoornis aangeeft, het is de 'distress' die cruciaal is.

- *302.9 sexual disorder not otherwise specified. This category is included for coding a sexual disturbance that does not meet the criteria for any specific Sexual Disorder and is neither a Sexual dysfunction nor a Paraphilia.*
  Exp. 3/ persistent and marked distress about sexual orientation.

Persoonlijk ben ik niet snel geneigd deze diagnose te weerhouden bij patiënten die in de knoop liggen met hun geaardheid. Eigenlijk heb ik ze nog nooit weerhouden.

313.82 'Identity Problem' laat meer ruimte om de vragen en problemen die patiënt aanbrengt te benoemen. Problemen rond seksualiteit hangen immers meestal samen met andere aan de persoonlijke identiteit verwante onderwerpen en een mens reduceren tot zijn seksualiteit of zijn problemen daarmee, lijkt mij therapeutisch niet erg verstandig, noch productief. Eventuele klinische syndromen of klachtenpatronen die daarnaast voorkomen kunnen ook beter los van de geaardheid gediagnosticeerd en aangepakt worden onder de daartoe geëigende categorie.

- *313.82 Identity problem. This category can be used when the focus of clinical attention is an uncertainty about multiple issues relating to identity such as long-term goals, career choice, friendship patterns, sexual orientation and behaviour, moral values and group loyalties.*

4. Conclusie van de 1e lezing:

De grote meerderheid der psychiaters beschouwt homoseksualiteit niet langer als stoornis.

Dit vindt zijn uitdrukking in het feit dat zowel in DSM als in ICD termen homoseksualiteit niet langer als ziekte gestigmatiseerd wordt.

De wijze waarop deze rubricering-systemen opgesteld worden, geeft een zekere garantie naar de overwogenheid (consensus, wetenschappelijkheid, neutraliteit tav politieke,religieuze of sociale overtuigingen...) waarmee die uitspraak gedaan wordt.

Dit is een duidelijke stelling.
Het heeft echter geen antwoord op de vraag wat we onder stoornis/niet-stoornis verstaan.
Nochtans is dit begrip de sleutel om de uitspraak al dan niet te verstaan.

Op dit begrip gaan we in de tweede lezing verder in.

III. TWEEDE LEZING: UIT DE HANDELINGEN DER PSYCHIATRIE

1. Het perspectief en de intentionaliteit van de geneeskunde

Wanneer we er de 'code van de Medische plichtenleer' op nakijken dan is duidelijk dat het perspectief van de arts gecentreerd wordt rond de gezondheid van de patiënt en van de gemeenschap (art1).

De arts wordt daarbij geacht te vertrekken vanuit een menslievende grondhouding, en zich te beroepen op zo wetenschappelijk mogelijk gefundeerde inzichten (art 4, art 32). Hoewel het welzijn van het individu centraal staat, wordt de arts geacht ook rekenschap te geven aan de gemeenschap wat het algemeen welzijn en de volksgezondheid betreft (art3, art 8).

De arts wordt tevens geacht iedereen met gelijke hand te benaderen ongeacht rang, stand of overtuiging (art 5,art 31). Persoonlijke gevoelens jegens de patiënt, zijn overtuigingen of zijn probleem dienen ook buiten de beoordeling en handelswijze gehouden te worden. (Er kunnen zich op dit vlak natuurlijk problemen voordoen, de arts wordt echter geacht op respectvolle wijze en in het belang van de patiënt hiermee om te gaan (art5, art 28, art29, art 31).

De krijtlijnen van de intentionaliteit en het perspectief van de geneeskunde zijn hiermee duidelijk getekend:

Intentionaliteit:

- *Het bevorderen van de gezondheid en het daaraan verbonden welzijn van de enkeling en de gemeenschap.*
- *De sociaal-politieke en filosofische overtuigingen van de medemens en de arts worden als bepalende factor in de intentionaliteit geweerd.*

Perspectief:

- *Menslievendheid en respect voor de menselijke persoon samen met een wetenschappelijke deskundigheid bepalen de blikrichting.*
- *Het wetenschappelijk,diagnostisch, en therapeutisch perspectief dient ook respectvol om te gaan met de verscheidenheid die op sociaal-politiek en filosofisch vlak in een maatschappij leeft. Dit komt o.a. neer op het feit dat oordeels- of diagnostische kaders neutraliteit dienen na te streven op dit vlak.*
  (Let wel: het is zeker niet zo dat voornoemde factoren geen rol spelen in de geneeskunde en haar beoefening. Dit kan ook moeilijk anders aangezien de geschetste intentionaliteit en het perspectief door dergelijke elementen gedragen worden. Een bespreking hiervan zou ons echter te ver leiden.)

De intentionaliteit van de geneeskunde en het perspectief van waaruit ze haar opgave benadert, bepalen de wijze waarop artsen in de verschillende domeinen van hun activiteit invulling zullen geven aan de termen ziekte, gezondheid, stoornis en welzijn.

Wat op het eerste zicht makkelijk lijkt, blijkt in de praktijk soms erg moeilijk en aanleiding tot ethisch debat.

Binnen het bestek van deze lezing wil ik stilstaan bij twee concrete invullingen van de intentionaliteit en het perspectief van de geneeskunde voor de psychiatrie.

- *Op diagnostisch vlak: de definitie van het concept stoornis (DSM)*
- *Op therapeutisch vlak: de criteria voor een goede therapeutische benadering.(Appelbaum)*

De aangereikte formuleringen zullen we dan in 'deel IV: Concrete implicatie...' toepassen op de schrapping van homoseksualiteit als stoornis.

2. Definitie van een mentale stoornis volgens de DSM:

1. – Clinically significant behavioural or psychological syndrome or pattern that occurs in an individual and
2. – that is associated with
   – *Present* distress or disability
   – Or with a significantly *increased risk* of
     a. asuffering death,
     b. pain,
     c. disability or an important loss of freedom
3. – In addition this syndrome must not merely be an expectable and culturally sanctioned response to a particular event
4. – Whatever its original cause it must currently be considered
   – a manifestation of behavioural, psychological or biological dysfunction in the individual.
5. – Neither deviant behaviour nor conflicts that are primarily between the individual and society are mental disorders, unless the deviance or conflict is a symptom of a dysfunction in the individual, as described above.

3. Criteria waaraan een ethisch verantwoorde benadering van therapie dient te voldoen

– Er kan over de kenmerken die een goede therapeutische houding dient te hebben zeer veel gezegd worden. Voor de eenvoud beperk ik mij hier tot een set van 5 criteria die in 2001 door de toenmalig voorzitter van de APA, Dr. Paul Appelbaum, naar voor geschoven werden.

– Naar mijn gevoel zijn ze duidelijk in overeenstemming met de intentionaliteit en het perspectief van de geneeskunde zoals de code van de medische plichtenleer ze mij aanreikt.
  1. a reasonable basis to believe that treatment may be effective.
  2. appropriate disclosure of relevant information to the prospective patient.
  3. the absence of illegitimate pressure on the patient.
  4. the patient's ability to make a competent decision.
  5. a fiduciary devotion by the therapist to the patients best interests.

IV. PRAKTISCHE IMPLICATIES BIJ DE BEOORDELING VAN HOMOSEKSUALITEIT

1. Als diagnostische uitspraak (volgens DSM):

Wanneer we stellen dat homoseksualiteit als geaardheid geen stoornis is, dan bedoelen we dat een grote meerderheid in het werkveld van mening is dat:

1. de geaardheid op zich niet gezien kan worden als een gedragsmatig of psychologisch relevant klinisch patroon of syndroom.
   Als een klinisch, observeerbaar, gegeven in het functioneren van de mens wordt het ook niet sui generis aanzien als een van nature betekenisvol of doorslaggevend teken dat naar een stoornis verwijst.
   M.a.w een mens reduceren tot zijn geaardheid en daar direct een pathologische betekenis aan koppelen, wordt afgewezen.
2. – Tevens is men van mening dat de geaardheid op zich niet noodgedwongen actuele ontreddering of gevaar in zich houdt.
   Indien de patiënt ontredderd is rond zijn seksualiteit, dan is dit eerder gerelateerd aan een identiteits' probleem of aan een psychosociaal of een maatschappelijk probleem dan aan de concrete geaardheid zelf.
   Men kan immers perfect gelukkig, stabiel en goed geïntegreerd – affectief matuur – functioneren met om het even welke geaardheid. En ongeacht de geaardheid kan iedere mens met zijn seksualiteit in de knoop liggen.
   – Tevens is men van mening dat de geaardheid op zich het leven niet in gevaar brengt of pijn, handicap of vrijheidsberoving met zich meebrengt.

De wijze waarop een individu met zijn geaardheid omgaat kan risicovol zijn, maar dit geldt voor elke geaardheid en maakt geaardheid daarom niet tot een stoornis.
Men kan opwerpen dat de geaardheid beperkingen meebrengt (loss of freedom). Dit is zo, maar dit geld voor alle elementen die de mens van abstract wezen invullen tot het concrete individu dat hij is.

3. punt drie is niet van toepassing aangezien geaardheid niet als stoornis gezien wordt.
4. Ongeacht de mogelijke wetenschappelijke hypothesen en inzichten over de genese van de seksuele geaardheid is men van mening dat:
   - de geaardheid geen uiting is van een gedragsmatige, biologische of psychologische disfunctie.
   - Men ziet geaardheid als een gegeven dat variatie kent.(Geaardheid wordt overigens ook niet langer als een zwart-wit gegeven gezien waarbij men of homoseksueel of heteroseksueel is maar als een spectrum met zuiver homoseksueel en zuiver heteroseksueel aan de uiterste uiteinden met een continuüm (biseksualiteit) daartussen.)
5. Men gaat ervan uit dat problemen i.v.m met de wijze waarop men de geaardheid uit en beleeft eerder problemen zijn tussen het individu en de maatschappij of omgekeerd, en geen bodem vormen om de geaardheid zelf als gestoord te stigmatiseren.
   De geaardheid op zich wordt niet gezien als een noodzakelijke bron tot disfunctie, dus worden maatschappelijke problemen rond seksualiteitsbeleving naar het maatschappelijk debat verwezen, zonder ze medisch te stigmatiseren.
   De maatschappij moet op basis van maatschappelijk ethische gronden dit debat voeren, niet op basis van medische.
   Het zou overigens absurd zijn één geaardheid wel te stigmatiseren op dat vlak en een ander niet, immers door de louter statistische macht van het getal zou heteroseksualiteit als geaardheid dan een veel groter probleem moeten zijn aangezien het zoveel vaker bron tot leed en problemen is in onze maatschappij dan de homoseksualiteit.

2. Als gegeven op therapeutisch vlak(criteria dr. P. Appelbaum)

Of we de seksuele geaardheid als ziekte of als identeits-gegeven, onderhevig aan natuurlijke variatie zien, bepaalt in grote mate hoe we de patiënt die in de knoop ligt met zijn seksualiteit, zullen benaderen.

In het ene geval zullen we identiteit en normaliteit als uitgangspunt hebben, in het andere ziekte en afwijking. In het eerste geval is er een valoriserend neutraal eindpunt, in het tweede geval komt men op een (de-)valoriserend geladen eindpunt uit (een ziekte of handicap).

Welke strekking men ook aanhangt, in beide gevallen gelden de regels van de code van de medische plichtenleer. Laten we even kijken wat dit betekent als we de hoger vermelde criteria van dr P. Appelbaum volgen.

1. *a reasonable basis to believe that treatment may be effective:*

Onafhankelijk van de gekozen benadering moet duidelijk stilgestaan worden bij de uitkomst en de slaag kansen van het aangeboden therapiemodel. Men mag niet a-priori deze of gene therapie afwijzen of doordrukken.

Hier doet zich een probleem voor. Studies over bijvoorbeeld conversie therapieën ('genezende' therapieën) blijken eerder polemisch dan wetenschappelijk te zijn.

Persoonlijk ben ik van mening dat literatuur over conversietherapieën zeer moeilijk te beoordelen is aangezien seksuele oriëntatie, seksuele identiteit en seksueel gedrag door elkaar gehaald worden.

Het officieel standpunt van de American Psychiatric Association tav 'reparatieve' of 'conversie' therapie is overigens vrij duidelijk:

> *"Psychotherapeutic modalities purporting to convert or 'repair' homosexuality are based on developmental theories whose scientific validity is questionable. Furthermore anecdotal reports of 'cures' are counter balanced by anecdotal claims of psychological harm. In the last four decades, 'reparative' therapists have not produced any rigorous scientific research to substantiate their claims of 'cure'. Until such research is available, APA recommends that ethical practitioners refrain from attempts to change individuals 'sexual orientation'"*

2. *appropriate disclosure of relevant information to the prospective patient*

– Er dient een open objectieve en informatieve houding aangenomen te worden tav de patiënt.

In feite impliceert deze regel dat een therapeut eerlijk moet zijn tav de patiënt en op een objectieve, wetenschappelijk onderbouwde manier moet informeren en open staan voor elke hulpvraag die de patiënt stelt of kan stellen, zonder deze a-priori af te blokken.

- Wanneer men het ziektemodel als uitgangspunt neemt, zal men naar mijn gevoel sneller vastlopen in wat men therapeutisch kan aanbieden. Dit uitgangspunt leidt bijna automatisch tot een begeleiding waarbij men vanuit aanvaarding moet leren leven met een 'gebrek', of tot een begeleiding waarbij men zal proberen te genezen. De vraag is of mensen die vertrekken vanuit dit perspectief ook geneigd zullen zijn objectief informatie te verstrekken over andere mogelijkheden, of over het feit dat hun positie een minderheidspositie is?

Het is niet zo dat het identiteitsmodel noodzakelijk objectiviteit garandeert.

Ook hier vereist de objectiviteit dat de patiënt, die een 'conversietherapie vraagt of zijn geaardheid als een gebrek beleeft, op een open, informatief gedragen wijze benaderd wordt, en de therapeut zich weerhoudt van ongepast missionarisme voor het eigen model.

Wanneer men echter zoals in het identiteitsmodel niet uitgaat van de valorisatie van de geaardheid, is m.i. de kans op objectiviteit en het aangaan van een open, niet strijdende, dialoog veel groter dan vanuit het ziektemodel.

3. *the absence of illegitimate pressure on the patient*

- Het is aan de patiënt, en de patiënt alleen, te achterhalen wat zijn seksuele geaardheid is. De therapeut mag hem in dit opzicht bijstaan in zijn zoektocht, maar niet de uitkomst opleggen, noch in deze of gene richting sturen.
- De kans dat druk gelegd zal worden op de richting is denk ik opnieuw kleiner wanneer die uitkomst niet of 'gestoord' of 'ongestoord' zal zijn. De vooringenomenheid dat iemand gestoord zal blijken te zijn of niet, introduceert een impliciete druk op de patiënt en draagt het risico om patiënten te vervreemden van zichzelf en een integrerende ontwikkeling in de weg te staan. De kans dat het ziektemodel tal van menselijke, maar ziekmakende psychologische defensie mechanismen in gang zet is zeer groot.
- Dit probleem van druk zal nog eens des te groter zijn indien de sociaal maatschappelijke gevolgen negatief zijn bij deze of gene uitkomst. Eigenlijk staat de maatschappelijke wenselijkheid dan op het voorplan eerder dan de eigen identiteit.

Het lijkt mij evident dat dit niet echt het te verkiezen uitgangspunt is wanneer men mensen wil bijstaan in hun groeiproces tot goed geïntegreerde stabiele, 'affectief mature', volwassenen.

4. *the patient's ability to make a competent decision*

- Beweren dat de seksualiteit helder en competent denken in de weg kan staan lijkt mij al bij al nog zo gek niet. Alleen denk ik niet dat de geaardheid zelf hier de bepalende factor is.

5. *a fiduciary devotion by the therapist to the patients best interests*

- Het lijkt mij redelijk aan te nemen dat bij beide benaderingen mensen kunnen uitgaan van een oprechte invulling van deze regel, hoewel 'best intrests' anders ingevuld kan worden.
- Voor beide geldt tevens dat er mensen kunnen zijn die missionair bezig zijn en de patiënt en zijn vraag over het hoofd zien, met alle schadelijke gevolgen van dien.

Ook hier kan ik mij niet van de indruk ontdoen dat het ziektemodelstandpunt veel meer missionair is dan het identiteitsmodel. De kans op secundaire of iatrogene schade aan het persoonlijk groeiproces van de patiënt lijkt mij ook veel groter wanneer men vanuit het ziektemodel vertrekt om een patiënt te benaderen.

Elke therapeut of arts dient waakzaam te zijn over het feit gecentreerd te blijven rond zijn patiënt, en therapie niet te vermengen met maatschappelijk debat. Deelnemen aan een maatschappelijk debat is één zaak, therapie en geneeskunde iets anders.

V. CONCLUSIE

- Sinds 1973 beschouwt de overgrote meerderheid der psychiaters de homoseksuele geaardheid niet meer als een stoornis op zich.
- Dit feit dient begrepen te worden vanuit de conceptuele invulling van de term 'stoornis'.
- Deze invulling gebeurt vanuit de intentionaliteit en het perspectief van de geneeskunde.
- De gemaakte keuze impliceert in de praktijk dat de overgrote meerderheid van de psychiaters een patiënt die zich aanmeld i.v.m problemen rond zijn seksuele geaardheid niet langer vanuit een ziekte model benaderen maar vanuit een identiteit model.

  Hierdoor wordt de patiënt niet langer gereduceerd tot zijn seksualiteit maar wordt zijn seksualiteit gezien in het kader van zijn volledig 'mens'zijn.

– Praktische implicaties op een rijtje:
  - *Einde van de stigmatisering op basis van geaardheid*
  - *Geen reductie van de mens tot zijn geaardheid.*
  - *Meer ruimte om mensen te begeleiden in hun persoonlijke groei als volwaardige mens.*
  - *Minder kans op secundaire, iatrogene beschadiging van het groeiproces.*

  "Homosexualiteit is geen stoornis en de geaardheid is slechts één van de vele elementen die vorm geven aan de unieke identiteit die elke mens eigen is."

Als psychiater is het voor mij duidelijk dat dit de te verkiezen uitgangspositie is aangezien dit het meest mogelijkheden biedt om mensen te helpen uitgroeien tot goed geïntegreerde stabiele en, zo men wil, 'affectief mature' volwassenen.

Referenties

1 Savin-Williams RC, Cohen KM, Homoerotic development during childhood and adolescence Child and Adolescent Psychiatric Clinics of North America – July 2004 (Vol. 13, Issue 3, Pages 529-549)
2 Yates A, Sex, gender, and identity over the years: a changing perspective Child and Adolescent Psychiatric Clinics of North America – July 2004 (Vol. 13, Issue 3, Pages 479-496)
3 Drescher J., Ethical issues in treating gay and lesbian patients Psychiatric Clinics of North America –Sept 2002(Vol.25, Issue 3, pages 605-621)
4 American Psychiatric Association. Commission on Psychotherapie by Psychiatrists (coop): positionstatement on therapies focused on attempts to change sexual orientation. Am J Psychiatry 2000; 157:1719-21
5 Appelbaum P., Clinnical issues and ethical concerns regaring attepts to change sexual orientation. Presented at the annual meeting of the APA. New Orleans 2001
6 Nationale raad van de orde der geneesheren, Code van de geneeskundige plichtenleer, aanpassing 1995
7 American Psychiatric Association, Diagnostic and statistical Manual of mental disorders, fourth edition, text revision

HOMOSEXUALITY FROM A PSYCHIATRIC POINT OF VIEW: ETHICAL REFLECTIONS

ARNOLD BEYNE

PREFACE: STRUCTURE AND LINE OF APPROACH OF THE LECTURE

On approaching the question whether homosexuality is a disorder, I have chosen to start from the conceptual question of what 'a disorder' is. A 'disorder' is after all the key word giving its significance to the answer to that question.

I attempt to clarify this approach in the 'Introduction'. In the 'Introduction' I also indicate what I understand by homosexuality in this lecture.

In the 'first lecture' I answer the question whether homosexuality is a disorder for psychiatry and I indicate who supports this decision.

In the 'second lecture' I try, departing from the Code of medical ethics, to clarify the intentionality and the perspective of medicine. Building on this, I subsequently give the definition of a mental disorder from the Diagnostic and Statistical Manual of Mental Disorders (DSM) and I formulate the criteria phrased by Dr P. Appelbaum for a justified therapy.

In the fourth part of this exposition, I discuss the implications of the removal of homosexuality as disorder on the basis of the formulated definition of a mental disorder and the formulated criteria for a justified therapy.

In the conclusion I will subsequently summarize the point of view of psychiatry, and of myself, with regard to 'homosexuality as inclination'.

I INTRODUCTION: PRINCIPLES AND SHORT SETTING

1. Sexual inclination and identity:

When I talk about homosexuality, I mean the inclination (sexual orientation) as such, the simple fact to orient oneself sexually to sexcompanions.

I do not mean how one deals with that inclination or how one integrates it in the personal way of life and dealings (sexual identity, sexual behaviour)

Sexual orientation, identity and behaviour are three distinct fields that are naturally related, but that cannot be converted to one another. In the question about how someone chooses to deal with his sexuality or how one sees his sexual identity, the interpretation of the real inclination is no more than the concrete interpretation of one variable, one basic principle.

Thus what has to be dealt with will naturally be an important element in an assimilation process, but it's the assimilation and the related problems that determine the help request. The assimilation process is the central point.

2. Scientific thinking with respect to moral ethical thinking:

Clinical diagnostic thinking must depart from scientifically well-founded and observable facts. Moral ethical elements are no core element in the medical diagnostic thinking stemming from fundamental sciences.

A doctor must be well aware of his ethical basic principles. The nature of his activity requires that. It also is necessary to be able to consciously judge the influence of an ethical bias in his clinical and therapeutic judgement. Ethical questions however are preferably part of an ethical debate and as little as possible of a diagnostic debate.

How one chooses to cope with his own sexuality or inclination is to a large extent a moral question, than can only very rarely be 'medicalized': i.e. when one endangers third persons or oneself by means of the choices made. Let it be clear that this is a particular situation that is out of order in this lecture.

3. The notion of 'Disorder': a problem of definition, conceptualization

The question whether homosexuality is a disorder or not is determined by the way a 'disorder' is defined. This defining as such is a conceptual problem.

Science is about right or wrong. It observes, describes, formulates and tests hypotheses. It considers normality as a merely statistic notion.

Conceptual issues are of a philosophic nature – and possibly, as a natural extension of it, theological – and may only be understood, approached and clarified at that level.

Philosophy is about the sensibility, the meaning, the definition of notions, concepts. Not about right or wrong, but about reasonableness, usefulness and meaningfulness.

Applied concretely to the question whether homosexuality is a disorder, scientific hypotheses and research cannot bring me elucidation, neither to state that it is a disorder, nor to allege the contrary. For the scientist a study is an object, an object of study, not something being right or wrong, normal or abnormal, but something he investigates and into which he tries to gain insight.

If the question asked is conceptual, does science then still make sense?

Yes, of course, science makes sense.

Just as the concept gives direction to scientific thinking, the scientific insight challenges the existing concepts that indicate its direction.

Sciences use concepts in constructing their methods and hypotheses. Scientific insights enquire about the meaningfulness of these concepts.

This way, the scientific world influences the philosophic world and the other way round, the philosophic world the scientific one, without, however, one converting to the other.

4. The concepts, the sciences, the doctor and his disorders:

Medicine is an applied science assembling and applying scientific insight from different subdisciplines in function of its objectives.

Notions and terminology may be viewed differently from several sciences, but in the end they will all have to stand the test of clinical practice. With this I mean that concepts used within the framework of medical action, will in the end always be linked to the objectives of medicine and will, so to speak, have to prove themselves at the 'sickbed'.

I will come back to that in the second lecture. For the time being I want to limit myself by emphasizing that the way one defines and names something medically, always has to be understood from the intentionality of medicine, both in its diagnostics as in its actions.

5. Homosexuality and sciences:

I deliberately choose not to start on the theme from all possible scientific approaches [1], for this would in essence pass by the core of the question whether homosexuality is or isn't considered by psychiatry as a disorder and it would at the same time encumber the lecture too much with technical facts (for those who are interested in this field, I recommend ref [1]).

Although I do not pursue the methods of explanation, I wish to formulate an important comment before concluding this introduction:

One may try to understand every human being from different levels of approach:

The human being from an individual to an interactional being, from organ to molecule.

This juxtaposes theories from psychology, biology and sociology, not one of them all-embracing, all of them potentially valuable as for the data, insights and hypotheses they offer.

Medicine draws from a great number of these approaches in order to reach a rationalized understanding of the human being, his problems and his help request.

In this respect it does have its importance within the framework of this lecture, to clearly put that sufficient scientifically facts exist, indicating that a sexual inclination (sexual orientation) cannot be reduced to acquired behaviour and that therefore it is reasonable to approach it as a fact of existence rather than as a mere behaviour that can be acquired or cured.

II. FIRST LECTURE: FROM THE 'DIAGNOSTICAL AND STATISTICAL MANUAL OF MENTAL DISORDERS'

1. Is homosexuality a psychical disorder?

In fact, this is a rather simple question if we go back to the most prominent classifying system for mental disorders (DSM): No!

The reason:

As psychiatrists, we agree that it is not.

In 1973 this was voted on and the majority voted that it may not be considered any longer as a disorder.

Because one prophetic order is worth as much as the other, some explanation is necessary in this matter.

The consensus on the fact that homosexuality is not a disorder has to be considered from the perspective from which psychiatry and medicine in general approach the problems and questions that confront them.

I will elucidate this in the second lecture.

Before this, I however wish to clarify the principles and procedure of DSM.

In addition I will also indicate what can still be found concerning inclination in this classifying system.

2. Principles of DSM

DSM is a classifying system for psychological disorders, a diagnostic working instrument based on a categorical classification of mental disorders or syndromes.

In the first part of the last century, the need arose in America to remedy the Babel-like confusion created by diagnostic terminology applied in the different institutes.

This remedy was necessary to enable a national policy and so it was the state that convened 'The First National Conference on Nomenclature' within the American Psychiatric Association and gave it the assignment to set up this system.

This conference included representatives from the state and from all interested professional groups and their associations.

Its objective was to reach, by means of consensus, a classification of the different disorders in a way that was unequivocal and acceptable for everyone, thus enabling statistical research.

From the start it so produced a project sustained not by de opinion or vision of a human being or a team, but sustained by the professional group.

This manual of classification must also be considered as a constantly evolving document, evolving with the field of action trying to hold available a uniform language chosen on the basis of consensus.

Whereas the initiative developed at first in the United States, a growing interest developed and today it is the standard reference in the diagnostic categorical language. The segment about mental disorders in the ICD system issued by the WHO was elaborated in consultation with DSM. This illustrates the radiation of the system accepted throughout the world.

Over the years the classification method was adapted and since the third edition it is based on a multiaxial system with explicitly formulated diagnostic criteria and a describing approach trying to be ethiologically neutral, in other words trying to be as independent as possible with respect to the different hypotheses and visions about the underlying mechanisms of the origin of disorders. At the same time it accounts, in its development, for the possible social philosophical influences and aspires to be as neutral as possible in that field or to explicitly mention, where necessary, specific socio-cultural differences.

3. References to inclination in DSM:

Homosexuality was already removed from the DSM classifications in 1973.

Indirectly it remained under the term 'egodystonic homosexuality', a disorder used for patients opposing to or having difficulties with the integration of their perceived inclination.

The diagnostic framework and the terminology used continued however to evolve and moved more and more from the inclination to the integration of it in one's personal being.

The term homosexuality disappeared completely from DSM in 1987 and in 1993 from the ICD 10.

This ended the official medical stigmatization of the homosexual inclination.

A tendency remains that does not share this opinion and that continues to consider homosexuality as a disorder. It however only represents a very small portion of the medical and certainly of the psychiatric world.

I suspect that a reference to desperation because of inclination in the line of this minority was left behind under the chapter 'sexual disorders' (see infra 30.2.9). The inclination itself, here again, is not what designates the disorder, it is the 'distress' being crucial.

> ***.302.9 sexual disorder not otherwise specified.***
> ° *This category is included for coding a sexual disturbance that does not meet the criteria for any specific Sexual Disorder and is neither a Sexual dysfunction nor a Paraphilia.*
> ° *Exp.3/ persistent and marked distress about sexual orientation.*

Personally I am not rapidly inclined to withhold this diagnosis with patients who are entangled in their inclination. In fact I have never yet held them back.

313.82. 'Identity Problem' leaves more room to name the questions and problems the patient brings forward. Problems concerning sexuality are generally linked with other subjects related to the personal identity and reducing a person to his/her sexuality of his/her related problems, doesn't appear to me as being very judicious, not productive from a therapeutic point of view. It is also better to diagnose and deal with possible clinical syndromes of complaint patterns, which appear in addition, apart from the inclination under the category that is appropriate for that purpose.

. ***313.82 Identity problem.***
° *This category can be used when the focus of clinical attention is an uncertainty about multiple issues relating to identity such as long-term goals, career choice, friendship patterns, sexual orientation and behaviour, moral values and group loyalties.*

4. Conclusion of the first lecture:

The big majority of psychiatrists doesn't any longer consider homosexuality as a disorder.

This is expressed in the fact that both in DSM and in ICD terms homosexuality is no longer stigmatized as a disease.

The way in which these classification systems for disorders are formulated gives a certain guarantee for the nature of consideration (consensus, scientific character, neutrality with regard to political, religious or social convictions...) with which that pronouncement is done.

This is a clear position.
It however doesn't answer the question about what we understand by disorder/non-disorder.
Yet this notion is the key to understand the judgement or not.

In the second lecture, we pursue this notion further.

III SECOND LECTURE: FROM THE ACTS OF PSYCHIATRY

1. The perspective and the intentionality of medicine

When we examine the 'Code of Medical Ethics', it is clear that the perspective of the doctor is centred round the health of the patient and of the community (art 1).

The doctor is in this respect considered to depart from a philanthropic fundamental attitude and to appeal to insights as much as possible scientifically founded (art 4, art 32). Although the well-being of the individual is central, the doctor is considered to give an account to the community with regard to public interest and public health (art 3, art 8).

The doctor is also considered to treat everyone equally regardless of rank, position or conviction (art 5, art 31). Personal feeling towards the patient, his convictions or his problem must also be kept out of the judgement and behaviour. Of course, problems may arise in this field. However, the doctor is considered to deal with this in a respectful way and in the interest of the patient (art 5, art 28, art 29, art 31).

That clearly draws the lines of the intentionality and the perspective of medicine.

Intentionality:

> *Promoting health and the well-being of the individual and the community associated with it.*
> *The social-political and philosophical convictions of the fellow man and the doctor are excluded as determining factor in the intentionality.*

Perspective:

> *Philanthropy and respect for the human person together with scientific expertise determine the direction of view.*
> *The scientific, diagnostic and therapeutic perspective must also respectfully deal with the diversity existing in the social-political and philosophical field in a society. This means, among other things, that judgements or diagnostic frameworks must in this field pursue neutrality (mind you, it certainly isn't so that aforesaid factors play no role in medicine and its practice; it can hardly be otherwise, because the broadly described intentionality and the perspective are supported by such elements. However, a review of this would lead us too far).*

The intentionality of medicine and the perspective, from where it approaches its task, determine how doctors will interpret the terms disease, health, disorder and well-being in the different fields of their activity.

What seems to be easy at first sometimes turns out to be very difficult in practice and a cause for ethical debate.

Within the scope of this lecture and before concretely going into what this means for 'homosexuality', I want to first deal with two concrete interpretations of the intentionality and the perspective of medicine for psychiatry.

In the diagnostic field: the definition of the concept disorder.

In the therapeutic field: the criteria for a good therapeutic approach (AppelBaum).

We will then apply the formulations supplied in 'part IV: Concrete implication '… to the removal of homosexuality as a disorder.

2. Definition of a mental disorder according to DSM:

1. Clinically significant behavioural or psychological syndrome or pattern that occurs in an individual and
2. that is associated with
   - Present distress or disability
   - Or with a significantly increased risk of
     a) suffering death,
     b) pain,
     c) disability or an important loss of freedom
3. In addition this syndrome must not merely be an expectable and culturally sanctioned response to a particular event
4. Whatever its original cause it must currently be considered
   - a manifestation of behavioral, psychological or biological dysfunction in the individual.
5. Neither deviant behaviour nor conflicts that are primarily between the individual and society are mental disorders, unless the deviance or conflict is a symptom of a dysfunction in the individual, as described above.

3. Criteria that an ethically justified approach of therapy needs to comply with

A lot can be said about the characteristics that a good therapeutic attitude and approach need to cover. For the sake of simplicity I will restrict myself to the set of 5 criteria that were set forth in 2001 by the at that time president of the APA, Dr. Paul Appelbaum. I think they are clearly in accordance with the intentionality and the perspective of medicine the way the code of medical ethics hands it to me:

1. a reasonable basis to believe that treatment may be effective
2. appropriate disclosure of relevant information to the prospective patient
3. the absence of illegitimate pressure on the patient
4. the patient's ability to make a competent decision
5. a fiduciary devotion by the therapist to the patients' best interests.

IV PRACTICAL IMPLICATIONS AT JUDGING HOMOSEXUALITY

1. As a diagnostic judgement (according to DSM):

When we state that homosexuality as inclination is not a disorder, we then mean that a large majority in the field of action is of the opinion that:

1. the inclination as such cannot be seen as a behavioural or psychological pattern or syndrome.
   As a clinical, observable fact in the functioning of the human being, it also isn't considered *sui generis* as a by nature significant decisive sign referring to a disorder.
   In other words, reducing a human being to his disorder and immediately linking it to a pathological meaning, is rejected.
2. it is also thought that the inclination as such does not necessarily contain actual desperation or danger.
   If the patient is desperate about his sexuality, it is more likely to be linked to an identity problem or a psychosocial or a social problem than to the actual inclination itself.
   For one may function perfectly happily, stable and well integrated -affectively mature?- with any inclination. And despite the inclination, every human being can be entangled in his sexuality.
   Besides, it is thought that the inclination in itself does not endanger life or does not entail pain, handicap or deprivation of liberty.
   The way how an individual deals with his inclination may be full of risks, but this applies to every inclination and consequently does not turn inclination into a disorder.
   One may object that the inclination entails restrictions (loss of freedom). That is true, but this applies to all elements that change a human being from an abstract being into the real individual that he is.
3. Point three is not applicable, as inclination is not considered a disorder, the question whether it is the expression of something from the culture or from a counterculture doesn't exist.
4. Notwithstanding the possible scientific hypotheses and insights in the genesis of the sexual inclination, one is of the opinion that
   – the inclination is not an expression of a behavioural, biological or psychological dysfunction.
   – one considers inclination as an element that can vary within the population (anyway, inclination is no longer considered a black-and-white fact where one is homosexual or heterosexual, but as a spectrum with pure homosexual and pure heterosexual at the extremes with a continuum (bisexuality) in between).

5. It is assumed that problems related to the way the inclination is expressed and experienced are rather problems between the individual and society or vice versa and do not constitute a ground to stigmatize the inclination itself as a disorder.
   The inclination itself is not considered as a necessary source of dysfunction, therefore the social problems on the perception of sexuality are relegated to the social debate, without medically stigmatising them.
   Society must hold this debate on the basis of socially ethical grounds, not on the basis of medical ones. For that matter it would be absurd to stigmatize one inclination in that field and not another one. After all, because of the mere statistical power of the numbers, heterosexuality as inclination should then be a much larger problem, as in our society it is so much more often a source of grief and problems than homosexuality.

2. As element in the therapeutic field (criteria Dr. P. Appelbaum):

Whether we approach sexual inclination pathologically or as an identity element subject to natural variation makes a big difference to how we will approach the patient entangled in his sexuality.

In the one case we will have identity and normality as starting point, in the other case disease and abnormality. In the first case there exists a valorising neutral end point, in the second case one arrives to an end point that is charged in a '(de-) valorising way (a disease or handicap).

Whatever tendency one adheres to, in both cases the rules of the code of medical ethics apply. Let's take a look at what this means if we follow the aforesaid criteria of Dr P. Appelbaum:

1. *a reasonable basis to believe that treatment may be effective:*

Irrespective of the approach chosen, one has to clearly deal with the result and the chance of success of the therapeutic model offered. One may not a priori reject or push through this or the other therapy.

Here a problem exists because of the fact that studies of for example conversion therapies are polemic rather than scientific.

I personally think that literature about conversion therapies is very difficult to judge, because sexual orientation, sexual identity and sexual behaviour are being mingled.

The official point of view of the American Psychiatric Association with respect to 'reparative' or 'conversion' therapy is otherwise scientifically well-founded and clear:

> *"Psychotherapeutic modalities purporting to convert or 'repair' homosexuality are based on developmental theories whose scientific validity is questionable. Furthermore anecdotal reports of 'cures' are counterbalanced by anecdotal claims of psychological harm. In the last four decades, 'reparative' therapists have not produced any rigorous scientific research to substantiate their claims of 'cure'. Until such research is available, APA recommends that ethical practitioners refrain from attempts to change individuals' 'sexual orientation'" []*

2. *appropriate disclosure of relevant information to the prospective patient*

   – An open objective and informative attitude towards the patient must be adopted.

In fact, this rule implies that a therapist must be honest with regard to the patient and must inform in an objective, scientifically founded manner and be open for every help request the patient makes or may make without blocking it a priori.

– On taking the disease model as starting point, one will, as far as I'm concerned, more rapidly get stuck in what can be presented therapeutically. This starting point almost automatically leads to guidance where one must learn to live with a 'deficiency' proceeding from acceptance or to guidance where one will try to heal. The question is if people, starting from this perspective will also will be inclined to supply objective information concerning other possibilities, of concerning the fact that their position is a minority position? It is not so that the identity model inevitably guarantees objectivity. Here objectivity also requires that the patient, who experiences a 'conversion' therapy' question or his inclination as a deficiency, be approached in an open, informatively supported manner, and that the therapist restrains from inappropriate missionary work for his proper model.

When one does not however start from the valorisation of the inclination, as in the identity model, in my opinion the chances for objectivity and for entering into an open, non-conflicting dialogue are much greater than starting from the disease model.

3. *the absence of illegitimate pressure on the patient*

- It is up to the patient and only the patient to discover what his sexual inclination is. The therapist may in this respect assist him in his quest, but not impose the outcome, nor steer it in one or the other direction.
- Chances that pressure will be put on the direction are, I believe, again smaller when the result will not be 'disturbed' or 'undisturbed'. The bias that someone will prove to be disturbed or not introduces an implicit pressure on the patient and bears the risk that patients are estranged from themselves and stand in the way of an integrating development.
- Chances that the disease model gets a process going of numerous human, but sickening psychological defence mechanisms, are very high.

This problem of pressure will yet be so much the worse if the social consequences are negative for this or another result. In fact, this puts the social desirability in the forefront, rather than the personal identity. I think it is obvious that this is not really the starting point to be favoured when wishing to assist people in their growing process to well-integrated, stable and 'affectively mature' adults.

4. *the patient's ability to make a competent decision*

- Asserting that sexuality can stand in the way of clear and competent thinking doesn't appear all that crazy to me. But I don't think that the inclination itself is the determining factor or the relevant 'focus of attention' here.

5. *a fiduciary devotion by the therapist to the patients best interests*

- I believe it is reasonable to assume that with both approaches people may depart from an honest interpretation of this rule, although 'best interests' may be interpreted differently.
- For both the rule also is that there may be people engaged in a missionary way and who overlook the patient and his request, with all harmful consequences it may lead to.
- Here again I cannot discard the impression that the disease model attitude is a lot more missionary than the identity model.Chances of secondary or iatrogenic injury to the personal growth process of the patien seem also much greater to me when one starts from the disease model to approach a patient.

– Every therapist or doctor must be alert about the fact to stay centred on his patient and not to mix therapy with social debate. Participating in a social debate is one thing, therapy and medicine something else.

V CONCLUSION:

– Since 1973, a large majority of psychiatrists do not consider the homosexual inclination as a disorder in itself.
– This fact must be understood proceeding from the conceptual interpretation of the term 'disorder'.
– This interpretation comes about proceeding from the intentionality and the perspective of medicine.
– In practice, the choice made implies that a large majority of psychiatrists will no longer approach a patient, presenting himself with respect to problems about his sexual inclination, starting from a disease model, but rather from an identity model.
This means that the patient is no longer reduced to his sexuality, but his sexuality is viewed in the framework of his whole being 'human'.
List of the practical implications:
  - end of the stigmatization based on inclination
  - no reducing of the human being to his inclination
  - more space to guide human beings in their personal growth to become a full human being
  - less chances of secondary, iatrogenic injury to the growth process.

"Homosexuality is not a disorder and the inclination is only one of the many elements giving form to the unique identity that is typical for each human being."

As psychiatrist it is clear to me that this is the point of departure to be favoured, since it offers the greatest possibilities to help people develop into well-integrated, stable and, if one wishes, 'affectively' mature adults.

References

1. Savin-Wiliams RC., Cohen KM, Homoerotic development during childhood and adolescence, Child an Adolescent Psychiatric Clinics of North America- July 2004 (Vol. 13, Issue 3, Pages 529-549).
2. Yates A., Sex, gender, and identity over the years: a changing perspective, Child and Adolescent Psychiatric Clinics of North America – July 2004 (Vol. 13, Issue 3, Pages 479-496).

3. Drescher J., Ethical Issues in treating gay and lesbian patients, Psychiatric Clinics of North America – Sept 2002 (Vol. 25, Issue 3, pages 605-621).
4. American Psychiatric Association., Commission on Psychotherapy by Psychiatrists (coop): position statement on therapies focuses on attempts to change sexual orientation, AM. J. Psychiatry 2000; 157: 1719 -21.
5. Appelbaum P., Clinical issues and ethical concerns regarding attempts to change sexual orientation, Presented at the annual meeting of the APA New Orleans 2001.
6. Nationale raad van de orde der geneesheren, Code van de geneeskundige plichtenleer, aanpassing 1995.
7. American Psychiatric Association, Diagnostic and statistical Manual of mental disorder, Fourth edition, text revision, (DSM-IV-TR).

OVER HOMOSEKSUALITEIT

BERNARD DE COCK O.P.

Een overweging tijdens het IPB-forum van 11 maart 2006[1]

"Learning to live with and value a diversity of opinions among Catholics will, in my judgment, stand us in better stead in an increasingly pluralistic context."

M.E. Hunt

"Je ne désire qu'inviter au dialogue, taraudé par cette question: serions-nous contraints de choisir entre notre désir homosexuel et notre foi chrétienne?"

Pascal Janin

INLEIDING

Ik begin met een terminologische afgrenzing. Het woord homoseksuelen of homo's (van het Griekse adjectief *homoios*=gelijk, en van het Latijnse substantief *sexus*=het geslacht) wordt gebruikt om zowel mannen als vrouwen aan te duiden die een affectieve en seksuele gerichtheid hebben op personen van het eigen geslacht. Die gerichtheid heet homoseksualiteit. Biseksualiteit, d.i. de gerichtheid én op het eigen én op het andere geslacht, ga ik hier niet behandelen. Meestal worden mannelijke homoseksuelen met de term 'homo's' aangeduid. Vrouwelijke homoseksuelen met de term 'lesbiennes' (afkomstig van het eiland Lesbos waar Sappho leefde, die dichtte over de gelijkgeslachtelijke liefde van vrouwen). Over de in Vlaanderen ingevoerde en gangbare term *Holebi's* zal ik straks nog iets zeggen. In mijn lezing gebruik ik de term homoseksuelen of homo's om zowel de mannelijke homo's als de lesbiennes aan te duiden.

[1] Deze tekst werd uitgesproken tijdens de namiddagsessie van het IPB-forum van 11.03.06. Het is een werktekst, niet af. Er blijven meer vragen dan antwoorden. De overweging werd geschreven als aanzet tot verdere reflectie en met het verlangen een wederwoord te krijgen. Ik dank de mensen die dat al gegeven hebben. Het zou me verheugen mocht ik er nog meer krijgen. Reacties kunnen gemaild worden naar bernard.decock@pandora.be.

In groepen van gelovige homo's word ik voortdurend geconfronteerd met enerzijds de vreugde van een nieuw levensperspectief voor homoseksuelen, doorheen een maatschappelijk-emancipatorisch en bevrijdingstheologisch handelen en denken, en anderzijds de pijnlijke kwetsuren van een uitzichtloze uitputtingsslag tussen het Magisterium en de homo-emancipatie. Katholieke homoseksuelen zitten altijd tussen twee stoelen. Omdat ze katholiek zijn, worden ze aangevallen door de homowereld die zegt: jouw kant is er tegen. En als katholiek worden ze niet voor vol aangezien en zelfs heel diep gekwetst in hun homo-zijn. Een moeilijke zoniet onhoudbare situatie, die ik in het pastorale veld spijtig genoeg veel tegenkom. Ondertussen hebben al velen van de Kerk afgehaakt.

De uitspraken van het Magisterium, nog steeds gebaseerd op een bepaald begrip van de 'natuur' (als 'voorgegeven ordeningen' die bepalend zijn voor het wezen van de dingen en normerend voor het morele handelen) werden steeds strakker aangehaald. Zo b.v. 1986: "de homoseksuele neiging zelf moet als een objectieve wanorde worden beschouwd"; 1992: "er zijn terreinen waarbij het geen onrechtmatige discriminatie is om rekening te houden met de seksuele geaardheid, bijvoorbeeld bij het aanstellen van leraren"; 2005: "personen die homoseksualiteit beoefenen, diepgewortelde homoseksuele neigingen vertonen of de zogenaamde 'gay-cultuur' ondersteunen, bevinden zich in feite in een situatie die hen verhindert een juiste verhouding met mannen en vrouwen te hebben". Dat homoseksualiteit tot op vandaag binnen de katholieke Kerk een moeilijk te hanteren probleem blijft, is een eufemisme, want waar de afstand tussen Rome en de homoseksuelen al altijd moeilijk te overbruggen is geweest, lijkt tegenwoordig elke brug opgeblazen. Hier hebben we ook een duidelijke testcase van de moeilijke oefening die wij als Kerk te maken hebben bij onze plaatsbepaling in moderne westerse samenlevingen. Maar ook binnenkerkelijk is het moeilijk. Want de afstand tussen het discours van het leergezag over homoseksualiteit en de theologische onderbouw van de concrete pastoraal van, met en voor homoseksuelen is steeds groter geworden. Laten we dus bouwstenen zoeken om bruggen te bouwen, en we hebben meer dan één brug nodig. Mijn overweging is een uitnodiging daartoe.

In een eerste deel evoceer ik kort het verhaal van een gelovige homoemancipatie, waarbij ik de zegeningen en de lacunes zal aanduiden. Vanuit die lacunes ga ik in een tweede deel meer in op het fenomeen van de homoseksualiteit zelf. Ik doe dat aan de hand van een differentie-denken i.v.m. seksualiteit, dat ik weergeef en becommentarieer. In een derde deel zal ik tenslotte een poging wagen om enkele stapstenen aan te reiken voor een eigen antropologie van de homoseksualiteit.

1. HERLEZING VAN EEN GELOVIGE HOMO-EMANCIPATIE

Wanneer ik terugkijk op de voorbije periode van de homo-emancipatie, vallen mij een drietal zaken op. Het *eerste punt*, het meest opvallende is de optimistische toon, zo eigen aan wat men een emancipatorisch discours pleegt te noemen. In de zeventiger maar vooral tachtiger jaren van vorige eeuw was er namelijk onder homoseksuelen een beweging op gang gekomen die een stap verder wilde zetten dan de zogenaamde integratie van homo's in de samenleving. Een eigen 'openbare' homo-cultuur kreeg vorm. De christelijke homo's die mede in die beweging stonden en meewerkten aan de bevrijding, wilden de emancipatie opnemen in hun poging tot evangelisch leven en in hun gelovig nadenken, dat op zijn beurt kon uitmonden in een zelf gevoerde theologische reflectie. Ze wilden bovendien een pastoraal opbouwen waarvan ze niet het object maar het subject waren: een pastoraal voor en door homo's. Naast de toen bestaande vormen van bevrijdingstheologie, ontstond in een dergelijke context de homo-bevrijdingstheologie. De werking van de groepen 'homo en geloof'in Vlaanderen probeerde een bescheiden steentje aan dat project bij te dragen.

Een *tweede punt* dat sterk opvalt, is dat een aantal homo-bevrijdingstheologen over het standpunt van de Kerk heen stapten, het a.h.w. als iets irrelevants ongemoeid lieten, en hun eigen theologische denkweg in de plaats stelden. Tegenover datgene wat zij hadden ervaren als doctrineel star exclusivisme van de Kerk, stelden zij zich de vraag: wat is goed nieuws voor de homoseksuele mens? Waar vinden wij de bevrijdende God die in ons leeft en handelt, zoals Hij ook vroeger bevrijdend opgetreden heeft, zo mooi beschreven in de bijbel en in de ervaring van zovele generaties gelovigen? Hoe kunnen homo's op een gelukkig makende wijze ervaren dat zij, net als iedereen, een eigen roeping, een eigen charisma hebben? Is er een gelukkig makende link tussen geloof en homoseksualiteit? Bevat de Schrift goed nieuws voor homo's?

Om op die vraag te antwoorden, werd de Schrift (vooral het Scheppingsverhaal en de Jezus-figuur) vanuit het paradigma van de alteriteit gelezen. Ik kan die lezingen hier niet in detail weergeven, alleen de teneur ervan. Uit de lezing van het scheppingsverhaal bleek dat vooreerst de reductie van de alteriteit tot de seksuele differentie gerelativeerd dient te worden, dat vervolgens het beeld Gods in de mens een deelname is aan Gods creativiteit, een goddelijke roeping om deze aarde, die God goed (tov) noemt, ook voor onszelf en voor elkaar tof te maken, en dat tenslotte er geen enkele goede reden is om aan te nemen dat homoseksuelen minder geschikt zouden zijn om aan die hoge roeping te beantwoorden. Uit de bespreking van de Jezus-figuur bleek dat Jezus het mysterie van de alteriteit in het anders-zijn van God legt. Een verrassende God die zijn inclusieve liefde laat blijken voor de uitgeslotenen, de 'anderen', de marginalen, en zich zelf in Jezus ook aan de rand van de geschiedenis plaatst ('Dieu à la marge de l'histoire', zoals de Waalse dominicaan Ignace Berten zei). Homo's kunnen een plaats bekleden waar de altijd weer andere God zich manifesteert. Goed nieuws dus voor de homoseksuele mens. Het aanboren en overbrengen van dat goede nieuws had op dat moment voorrang op een kritische analyse van het kerkelijke standpunt.

Tenslotte is er een *derde punt* dat opvalt. Wat precies de identiteit zou kunnen zijn van de homoseksuele levenswijze, met inbegrip van een eigen inbreng en roeping van homo's in maatschappij en kerk, bleef vrij vaag. Er werden wel een aantal aanzetten gegeven. Ik denk hier b.v. aan John Mc Neill, die een eigen corrigerende functie van homoseksuelen in de hetero-samenleving voorstond, of aan professor Jellema die pleitte voor een overgang van zelferkenning over zelfaanvaarding heen naar een bewuste positieve keuze van de eigen homoseksualiteit; dus van noodlot naar gekozen bestaansvorm. Maar daarmee was het eigene van de homoseksualiteit niet boven water gekomen en werd de emancipatiestrijd beperkt tot de vlugge bewering dat "homoseksualiteit en heteroseksualiteit aan elkaar gelijk zijn". Het discours van ontvoogding moest dus wel aangevuld worden met een ander discours. Eén dat "de fundamentele vragen over de zin van de seksualiteit en de innerlijke logica van bepaalde relatietypes" aanpakt.

Wat bedoel ik met 'fundamentele vragen'? Ik formuleer er enkele. Hoe verhouden zich de biologisch-anatomische werkelijkheid van ons lichaam met de maatschappelijk-culturele interpretatie ervan? Seksuele differentiatie met gender? Hoe is de verhouding tussen lichaam en geest in onze hedendaagse samenleving, en wordt daarmee aan beide recht gedaan? Tussen liefde en seksualiteit en hun maatschappelijke vormgeving? Tussen ethiek en antropologie en geloofsreflectie? En wat betekent dat voor de homoseksuele mens? Hoe benaderen wij het best het mysterie van het verlangen naar iemand van hetzelfde geslacht? Heeft het christendom in weerwil van zijn eigen geschiedenis daar iets positiefs in te brengen of is zijn enig mogelijke benadering het officiële kerkelijke standpunt, met alle ethische en antropologisch-theologische implicaties vandien? Heeft het iets te zeggen over levenszin en homoseksualiteit? Enz.

Ik ben mij bewust dat dergelijke vragen in de homo-wereld grote weerstand oproepen, want hun thematiek ruikt naar de door de emanicipatie verbrande resten van eeuwen onderdrukking van homoseksualiteit. En het is een feit dat men via een antropologisch-theologische visie vaak het (klassiek kerkelijke) standpunt van homoseksualiteit als 'ongeordendheid' probeert te redden. Ook al heb ik zelf na jaren van emancipatorisch denken en doen al mijn moed moeten samenrapen om de zoektocht naar de antropologisch-ethisch-theologische grondslag van de homoseksuele zijnswijze te wagen, ben ik toch tot de overtuiging gekomen dat het de enige manier is om een platform te scheppen voor een postmoderne 'doorgroei' van de noodzakelijk blijvende emancipatie van homo's naar de waardering van hun eigenheid. Daarbij verbleekt de gereduceerde morele vraag van 'mag het' of 'mag het niet' en komt tegelijk de zinvolheid van de ontvoogding voor het voetlicht. Een ontvoogding, laten we dat niet vergeten, die samenhangt met veel pijn. Verdriet dat echter ook zijn positieve vruchten heeft afgeworpen: ik denk hier o.a. aan het omgaan met aids. Ondanks én dank zij het dramatische van die ziekte, is de diepe liefde van menig homoseksueel koppel in de maatschappij zichtbaar geworden op een ontroerende en indringende manier: homoseksuelen die hun doodzieke wegterende geliefde tot aan de dood verzorgd hebben en trouw nabij gebleven zijn, verpletterden het gangbare beeld dat homo's alleen maar jonge mooie en loopse seksdieren zijn, halfblote dansende lijven op een roze zaterdag. Die liefdevolle zorg heeft voor meer ontvoogding gezorgd dan menige actie.

2. DE PLAATS VAN DE SEKSUELE DIFFERENTIE IN HET DEBAT

Ik heb daarnet gezegd dat men via een antropologisch-theologische visie vaak het (klassiek kerkelijke) standpunt van homoseksualiteit als 'ongeordendheid' probeert te redden. Dat was het geval met de benaderingswijze in de tachtiger jaren, door Franse theologen als Durand en Thévenot en in hun spoor de Franse Bisschoppenconferentie. Frankrijk is zowat de koploper gebleven op dat vlak. Er is tegenwoordig, vooral in de Franstalige theologische wereld, een duidelijk geprofileerde richting van auteurs die niet meer verwijzen naar de natuurwet en de homo-teksten uit de bijbel, maar op een andere antroplogische basis hun ethische visie op homoseksualiteit toch volledig laten aanleunen bij de officieel-kerkelijke visie. Die antropologisch-theologische 'school' onderbouwt haar opvatting vanuit o.a. fenomenologie (b.v. de moraaltheoloog Xavier Lacroix uit Lyon) of psychoanalyse en sociale psychiatrie (b.v. Mgr. Tony Anatrella uit Parijs). Centraal daarin staat de beklemtoning van de seksuele differentie, tégen het gelijkheidsdenken van de emancipatiebeweging, met de daaraan verbonden idee dat homoseksualiteit niet gelijkwaardig is aan heteroseksualiteit. Homoseksualiteit kan niet gelijkgeschakeld worden aan heteroseksualiteit; homo-huwelijk en adoptie door homo's kunnen niet. Hun visie en mijn antwoord erop ga ik nu behandelen.

2.1 Het seksuele differentie-denken van X. Lacroix en T. Anatrella

Het huidige spreken, zegt Lacroix, wordt beheerst door de a priori bewering dat de vereniging van twee mannen of twee vrouwen dezelfde waarde en hetzelfde statuut heeft als de vereniging tussen een man en een vrouw. Dat betekent een onverschilligheid ten aanzien van het seksuele verschil. Hij zelf echter pleit ervoor om dat seksuele verschil radicaal centraal te stellen. Geseksueerd zijn (secare=snijden) is immers gemerkt zijn met het zegel van een verschil. De subjectieve ervaring van mijn geslacht (in zijn verschil) stelt een objectieve grens aan het beeld dat ik van mezelf maak, en verwijst mij noodzakelijk naar het andere geslacht. Mannelijk en vrouwelijk verwijzen radicaal en onherleidbaar naar elkaar. Het verschil zelf gaat aan de identiteit van de afzonderlijke geslachten vooraf (zie Genesis). Dat betekent dat geen enkele mens heel het mens-zijn in zich bevat. Ik als man of als vrouw ben alleen te begrijpen vanuit een verwijzing naar en in verschil met de andere helft van de mensheid, waar ik geen deel van uitmaak. De auteur noemt dat een ontologische dissymmetrie. Dat seksuele verschil zelf is echter onvatbaar, het is een onuitputtelijk mysterie. Het is een openbaring van transcendentie. Welnu, voor Lacroix moet dat verschil doorgetrokken worden tot de begeerte, de kracht die me naar het lichaam van de ander brengt. Al of niet gericht staan op het andere geslacht, is zich minder ver of verder op de weg van het anders-zijn wagen. In die zin zijn homoseksualiteit en heteroseksualiteit niet gelijk.

Hier komen we aan de kern van zijn opvatting. Hij wijst op het subtiele onderscheid tussen verschil en anders-zijn. Sommigen beweren dat de ander eerst anders is en pas dan verschillend, dat er dus een prioriteit van het anders-zijn is, vóór het seksuele verschil. Dat is juist, zegt hij, maar het gaat niet op voor de erotische begeerte, want daar ligt het narcisme steeds op de loer. Je kunt het narcisme, waar we elkaar naar eigen beeld begeren, pas overwinnen als het onbekende terrein van het andere geslacht wordt betreden en de vereniging tussen tegengestelden plaatsvindt. Met andere woorden via de toegang tot het seksuele verschil. Dat is niet het anders-zijn, maar het is er het onherleidbare teken van. De partner van het andere geslacht is tweemaal de andere: hij/zij is een ander subject én behoort tot een ander geslacht. Onomwonden besluit Lacroix dat homoseksualiteit een halte is op de weg van de seksuele rijping, op de weg van het integreren van het seksuele verschil in al zijn dimensies, ook die van de begeerte. Als dat verschil niet in de relatie steekt, heb je dus een objectief gebrek.

Van daaruit beweert hij dat *homoseksualiteit niet alleen niet gelijk maar ook niet gelijkwaardig is aan heteroseksualiteit*. De maatschappij heeft redenen om haar voorkeur te laten blijken in haar waardering van de heteroseksualiteit. Vooreerst, zoals hij zegt, omwille van het narcisme. De homoseksuele persoon zoekt eerder het zelf in de andere dan het verschillende in de gelijke. Dat narcisme heb je niet zo gemakkelijk in de heteroseksualiteit. Bovendien zijn de homo-erotische daden dubbelzinniger, meer puttend uit het onbewuste, meer gericht op het partiële object dan de heteroseksuele. De gebaren tussen het mannelijke en het vrouwelijke worden gesuggereerd door onze lichamelijke gegevenheid van anatomie en voortplanting. Dat biologische gegeven roept betekenis, draagwijdte en zin van de heteroseksuele daad op. Een laatste maar niet de minste reden voor de maatschappelijke voorkeur van heteroseksualiteit is dat deze openstaat voor de voortplanting, terwijl dat in de homoseksualiteit niet het geval is. Wanneer de horizon van vruchtbaarheid, toekomst en derde afwezig is, riskeert de begeerte te verdrinken in het herkauwen van het verleden.

Van daaruit verzet Lacroix zich tegen de recente emancipatie van homoseksuelen (ook de openstelling van huwelijk en adoptie voor hen) en de groeiende maatschappelijke normalisering van homoseksualiteit. Homo's hebben hun strijd tegen de discriminatie gelijkgesteld met de opvatting dat homoseksualiteit zomaar een variante zou zijn van de seksualiteit. Het verschil tussen homo en hetero zou zoiets zijn als bijvoorbeeld het verschil tussen linkshandigen en rechtshandigen. Lacroix herhaalt zijn gekende standpunt: ze zijn niet gelijk. De sleutelwoorden in het discours van de homo's, nl. 'discriminatie' en 'gelijkheid', wijzen op misvattingen bij degenen die ze gebruiken. Want – en dat volgt uit zijn theorie – homoseksuelen zijn geen aparte categorie van mensen, homoseksualiteit is dus geen aparte identiteit of een toestand van de persoon. Ze is slechts een oriëntatie, d.w.z. een subjectieve interpretatie van de seksuele begeerte. Daarom zegt hij ook dat de term heteroseksueel een pleonasme is en de term homoseksueel een contradictie.

Lacroix staat niet alleen met die opvatting. Mgr. Tony Anatrella sluit daar vanuit psychologisch oogpunt naadloos bij aan. Hij redeneert als volgt. Homoseksualiteit, zegt hij, maakt deel uit van de verschillende seksuele neigingen die zich kunnen ontwikkelen in het menselijke psychische leven. Zij getuigt o.a. van een noodzakelijke primaire vereenzelviging van het kind met personen van het zelfde geslacht om zijn seksuele identiteit duurzaam te kunnen maken (men spreekt van de keuze van een homoseksueel object, wat daarom nog geen homoseksualiteit is). In het beste geval worden die eerste houdingen uitgewerkt en afgestemd op de seksuele identiteit. Maar de persoon kan ernstige moeilijkheden ondervinden om zijn kinderlijke identificaties te wijzigen. Die riskeren tot specifieke neigingen te worden die men om zichzelf gaat zoeken, en dus niet in overeenstemming met de eigen seksuele identiteit zijn. Wat evenwel ook de complexe oorsprong van de homoseksualiteit weze, we moeten eraan herinneren dat er slechts twee seksuele identiteiten zijn (de mannelijke en de vrouwelijke). De identiteit is een feitelijk gegeven dat de persoon in de loop van zijn eigen geschiedenis moet integrereren in de erkenning van het seksuele verschil. Dat is een van de psychische fundamenten om zich te differentiëren en om toegang te krijgen tot de betekenis van het anders-zijn. Wanneer men zich in een gelijkgeslachtelijke relatie opsluit, dan gaat het niet over een 'alternatieve' vorm van seksualiteit, maar om de negatie van het eigene van seksualiteit die, uit de aard van de zaak hetero is. Homoseksualiteit is van de orde van de seksuele neiging, zij is geen identiteit. Ik citeer letterlijk: "De homoseksualiteit verschijnt dus als een onvoltooidheid en als een fundamentele onrijpheid van de menselijke seksualiteit." In die zin, zegt Anatrella, kan het respect voor de homoseksuele personen niet betekenen dat zij zomaar gelijke rechten hebben als de hetero's, gewoon omdat zij de condities niet hebben om tot die rechten te komen. Hij concretiseert dat zeer accuraat, en ik citee: "De homoseksuele personen zijn niet in de juiste toestand om te trouwen (het huwelijk is immers de vereniging van een man en een vrouw), noch om kinderen te adopteren (de homo heeft immers schrik van het andere geslacht en weigert de seksuele differentie, waardoor hij zich in een situatie bevindt die tegengesteld is aan de voortplanting, en dat stelt ernstige identificatie-problemen voor het psychologisch evenwicht van kinderen), noch om diaken of priester te worden (alleen mannen in samenhang met hun mannelijke identiteit kunnen immers het sacrament van de wijding ontvangen, en dat in naam van antroplogische en theologische redenen en niet in functie van historische en culturele "bepaaldheden" die men tegenwoordig zou moeten opheffen."

Een discussie over het voor en tegen van huwelijk, adoptie en wijding voor homoseksuelen, is in het kader van deze lezing niet aan de orde. Ik wil er alleen op wijzen dat een bepaalde groep van door Rome geconsulteerde theologen tegenwoordig het kerkelijke standpunt over al die onderwerpen trouw handhaven, maar dan meer vanuit een psychologisch en antropologisch-theologisch standpunt, dan vanuit de natuurwet en de homo-teksten uit de bijbel. Omdat ik, inderdaad, vind dat we dat antropologisch-theologisch onderzoek niet uit de weg kunnen gaan, wil ik nu eerst de standpunten van Lacroix en Anatrella kritisch evalueren. Het zal duidelijk zijn dat daarmee ook het standpunt van het Magisterium mee zal geëvalueerd worden.

2.2 Evaluatie van het seksuele differentie-denken

Laat me beginnen met enkele reacties i.v.m. het overtrokken belang dat Lacroix en Anatrella aan het '*seksuele verschil*' hechten. Ten eerste leert de geschiedenis ons dat een puur biologische, natuurlijke benadering van verschillen langzaam maar zeker aanwast tot verschrikkelijke excessen van het 'negatieve zij' en 'het positieve wij'. De systematische uitroeiing van de joden (en ook van de homo's) zit nog vers in ons westers geheugen. Of, als dat hier te overtrokken klinkt, kan ik wijzen op het gevaar van een rolbepalend gedrag op basis van het seksuele verschil, waar in de loop van de geschiedenis zovele vrouwen onder geleden hebben en ook de man slachtoffer van geweest is. Het willen veilig stellen van de 'biologische basis' is een terechte bekommernis, maar moet die niet in balans gebracht worden? Door iets dat van buiten de natuur komt, kennelijk tegen de natuur ingaat? Ik denk hier uitdrukkelijk aan de gulden regel van de religies - doe een ander (niet) wat je voor jezelf ook (niet) wilt. Of aan de bergrede van Jezus – vergeving van de vijand. Die gaan in tegen de brute macht van de menselijke natuur. Bovendien, en dat is mijn tweede bedenking, is het niet zo duidelijk dat in de *beleving* van *alle* mensen, *overal* en *altijd* het seksuele verschil als hét belangrijkste funderende verschil *ervaren* wordt. Uiteraard is het in vergelijking met vele andere verschillen een fundamenteel, radicaal verschil. Ons lichaam is er zoals het is, we zijn er zoals we zijn, mannelijk of vrouwelijk. Maar dat geldt toch ook bij voorbeeld voor de huidskleur van mensen. In sommige situaties of contexten beleven mensen het verschil in huidskleur sterker dan het seksuele verschil (terloops gezegd: dat hoeft niet persé tot racisme te leiden). Of nog een ander voorbeeld: iemand hoort dat hij Aids of een ongeneeslijke kanker heeft, en van het ene moment op het andere voelt hij zich behoren tot een andere mensheid. Het verschil tussen ziek en gezond kan als een sterker verschil ervaren worden dan het seksuele verschil. Tenslotte een derde bedenking: het seksuele verschil is een gave van het leven. Hoe kan je daaruit een algemene norm van seksueel handelen afleiden? Hier stelt zich het gekende probleem van het niet-samenvallen van het zijn en het moeten. Waarheid is een kwestie van hoe de wereld is en moraal is een kwestie van hoe de wereld zou moeten zijn. Het onderscheid tussen 'zijn' en 'zou moeten' is het belangrijkste onderscheid dat wij mensen maken en dat wij gebruiken om onze ervaringen te ordenen.

En wat te zeggen over hun visie op *homoseksualiteit* vanuit die seksuele differentie? Ook hier enkele kritische reacties. Vooreerst stel ik mij de vraag wat seksuele identiteit betekent. Voor onze twee auteurs wordt die gedefinieerd als het biologische gegeven van man/vrouw zijn. Homoseksualiteit daarentegen is geen identiteit, zeggen ze. Welnu, de vraag is of dat met de ervaring zelf overeenkomt. Je ervaart je identiteit nooit alleen als biologisch gegeven, maar al onmiddellijk met de beleving erbij, subjectief en intersubjectief. Jij zelf als een unieke geschiedenis van liefde of gemis aan liefde, van verlangen naar liefde, het verhaal van die man of die vrouw die die andere man of andere vrouw begeert. Die voortgaande geschiedenis, waar het geseksueerd-zijn én de seksuele geaardheid én de seksuele beleving en uitingen integraal deel van uitmaken, is de identiteit, die Paul Ricoeur de 'narratieve identiteit' noemt. En die kan niet anders dan vloeiend zijn. In die zin mag je wel spreken over homoseksualiteit als over één van de mogelijke 'seksuele identiteiten', die nooit op zichzelf staan maar deel uitmaken van het verhaal.

Ten tweede valt het mij op dat Lacroix en Anatrella hun visie opbouwen én chargeren – iets wat het Magisterium ook doet – vanuit een felle reactie tegen de emancipatiestrijd van de homoseksuelen, en vanuit een sterke bekommernis voor de klassieke waarden van huwelijk en gezin, uiteraard geïnstitutionaliseerd in hun hetero-gestalte. Hier komt dan ook de zogenaamde symbolische orde in het geding. Daardoor krijg je een scheefgetrokken denken dat wil bezig zijn met zingeving voor mensen in de uitbouw van een gezin – hoe juist en terecht dat ook is – maar dat tegelijk de mechanismen van uitsluiting gebaseerd op seksuele geaardheid, goedpraat en ondersteunt. Zo krijg je dubieuze argumentaties en een uitgesproken negatieve beeldvorming van homo's. Dat merk je aan Lacroix's en Anatrella's benaderingswijze van het homo-huwelijk en de adoptie door homo's. Wat daarvan te zeggen? Ik denk: het verfoeilijke demoniseren van 'hét' holebi-leven biedt misschien soelaas voor de pijn en frustraties om zoveel falende relaties, maar schenkt hetero-jongeren en volwassenen geen uitzichten voor hun problemen. Terwijl het terzelfdertijd holebi-jongeren en volwassenen de rekening daarvoor toeschuift. Zo'n houding en zo'n gedrag zijn mensonwaardig en dus ook niet christelijk. Dat wil echter niet zeggen dat er daarover niet meer gediscussieerd zou mogen worden, integendeel. U hebt gehoord dat ik de term *Holebi's* gebruik. De term 'homoseksuelen' is niet zo gelukkig, want homoseksuelen worden altijd als niet-heteroseksuelen bekeken. Daarom is de in Vlaanderen ingevoerde en gangbare term *Holebi's* als verzamelnaam voor (mannelijke) homo's, lesbiennes en biseksuelen begrijpelijk en zitten er goeie kanten aan. Het is een sympathieke benaming die de zwaarwichtigheid van de hetero-blik op de zogenaamde homo-problematiek relativeert. Terloops gezegd: de term stelt wel problemen. Zo wordt biseksualiteit eenzijdig met homoseksualiteit verbonden. Ook kan de term alleen in het meervoud gebruikt worden, namelijk om de aangeduide *groep* te benoemen, terwijl hij in het enkelvoud geen enkele zin heeft. Eén iemand kan onmogelijk holebi zijn. En toch is die naam niet alleen mooi en vrolijk, hij is vooral belangrijk voor de aanduiding van een eigen plaats. Want zoveel is duidelijk: de emancipatie blijft noodzakelijke voorwaarde tot bevrijding al is ze er niet het eindpunt of het uiteindelijke doel ervan. Het doel is het menselijk geluk van allen. Nogal wat theologen en officiële kerkmensen hebben blijkbaar schrik voor openbaarheid van de homoseksuele beleving in de maatschappij? Waarom, zo vraag ik hun, zouden ze niet de feitelijke doorleefde homoseksualiteit van medemensen als uitgangspunt nemen? En van daaruit een antropologie opbouwen? En verder daar een ethisch woord over spreken? Ze zeggen trouwens zelf dat sommige concrete homoseksuele relaties een hoog ethisch gehalte hebben. Waarom dan nog a priori referentiepunten zoeken zonder verwijzing naar die beleefde werkelijkheid? Waarom toch exclusief blijven denken en niet inclusief?

Ik wil ook iets zeggen over het het begrip 'objectief gebrek' of 'objectieve wanorde', termen die zowel de 'Franse school' als het Vaticaan gebruiken. De Nederlandse moraaltheoloog Frans Vosman zegt n.a.v. dat begrip, dat voor mensen die het betreft "moreel niet iets opgehelderd wordt met een ontologisch-moreel oordeel dat zij in een objectieve wanorde staan." Je krijgt zo'n begrip als je de complementariteit tussen de geslachten (cfr. de seksuele differentie) en de voortplanting als exclusieve bedoeling en zin van seksualiteit ziet, die vervolgens koppelt aan

Gods voortgaande schepping, en ze tenslotte ontologiseert. Uiteraard zijn complementariteit en voortplanting hoge zedelijke goederen. Niemand zal dat ontkennen, ook homo's niet. Maar die goederen streef je nooit exclusief en eenduidig na. Zo is b.v. complementariteit tussen man en vrouw niet zoals een dekseltje op een potje past. Elkaar aanvullen bevat blijvend een veelheid aan (ook soms tegengestelde) betekenissen, en het is een proces in de zich ontwikkelende levens van mensen, een proces van 'toewending en afstoting', een mengeling van altruïsme en egoïsme. Ik wil nog een tweede bedenking kwijt n.a.v. het begrip 'objectief gebrek'. Als wij met iemand van mening verschillen over een bepaald fenomeen, gaan we toch niet beweren dat de andere dat fenomeen ontkent omdat hij er anders tegen aankijkt of er op een andere manier mee omgaat. Homoseksuelen ontkennen het seksuele verschil niet. Alleen, als homoseksueel beleeft men dit verschil niet op een genitaal-seksuele wijze. Sommigen ervaren dat als een gemis. Maar dat betekent niet hetzelfde als een 'objectief gebrek'. Vaak ontwikkelen homoseksuelen een rijke andersoortige relatie met het andere geslacht en valoriseren daarmee het verschil tussen man en vrouw op een niveau dat veel verder dan alleen het biologische reikt. In die zin zullen holebi's ook altijd een minderheid zijn. Daar moeten ze leren mee leven. In dat verband wil ik nog zeggen: dat homoseksuelen via hun geëigende seksuele relatie geen kinderen kunnen krijgen, vinden sommigen onder hen al pijnlijk genoeg, dat het niet nog eens extra als een morele oorveeg van narcistisch egoïsme gebruikt hoeft te worden. Trouwens, narcistisch egoïsme is ook nooit ver weg als het gaat over 'mijn kind schoon kind'.

Waarom sommige mensen de erotische begeerte naar iemand van het andere geslacht niet hebben en wel naar die van het eigen geslacht, blijft een raadsel. Of mogen we toch van een 'mysterie' spreken? Zo geboren? Zo geworden? Wat de fysieke oorsprong ervan betreft, weten we nog niets definitief. Ook "de psychische oorsprong is moeilijk op te helderen", zegt zelfs de Katechismus van de Katholieke Kerk. En de psychoanalytische verklaring is al lang haar vanzelfsprekendheid kwijt, en niet louter in de angelsaksische wereld. Ik maak van de gelegenheid gebruik om een korte zijsprong te maken. Op 24 februari jl. gaf psychiater dr. Arnold Beyne een referaat tijdens de studiedag van de Leuvense Faculteit van Kerkelijk Recht over homoseksualiteit en wijding. Vanuit psychiatrisch oogpunt, uiteraard verbonden met klinische ervaring, wijst dr. Beyne af dat men een mens reduceert tot zijn geaardheid en daar direct een pathologische betekenis aan koppelt. Hij toont aan dat homoseksualiteit geen stoornis is en de seksuele geaardheid slechts één van de vele elementen, die vorm geven aan de unieke identiteit die elke mens eigen is. Hij verkiest die uitgangspositie omdat hij er de meeste mogelijkheden heeft in ontdekt om mensen te helpen uitgroeien tot goed geïntegreerde stabiele, en zo men wil, 'affectief rijpe' volwassenen.

3. LICHAMELIJK VERANKERDE SPIRITUALITEIT EN HOMOSEKSUALITEIT

In mijn derde deel onderneem ik een poging om het fenomeen van de homoseksualiteit te benaderen vanuit een lichaamsspiritualiteit die inclusief is, en die ik voor een groot stuk ontleen aan – o merkwaardige paradoks – de fenomenologie van Xavier Lacroix die o.a. bij Levinas en Merleau-Ponty te rade gaat, en aan het denken van de Duitse theologe Elisabeth Wendel, de echtgenote van Jürgen Moltmann. Een eerste ontwerp.

Als het over ons lichaam gaat, hoor je tegenwoordig meestal twee uitspraken die met elkaar in verband staan. De eerste is: in de loop van de geschiedenis heeft het christendom altijd het lichaam geminacht. En de tweede: de moderne mens, onze tijd heeft de lichamelijkheid herontdekt. Ik denk dat de eerste uitspraak maar ten dele juist is. Want het christendom heeft precies een hoge achting voor het lichaam. Inhoudelijk: incarnatie-invlezing, het woord wordt vlees, God wordt mens, lichaam en ziel worden tezamen geschapen en zijn onlosmakelijk verbonden, belofte van eeuwig leven aan ziel én aan lichaam. De bijbel verkondigt geen minachting van het lichaam, integendeel. Maar ook in traditie en handelen (in navolging van de genezende en zorgzame Jezus) zie je een zorg voor de zieken, de behoeftigen, de doden - de lichamelijke werken van barmhartigheid; in de kunst zie je de glorie van het lichaam (gelaat én kleren stralen); liturgie en sacramentele rituelen zijn lichaam: zang, ademen, gebaren, bewegingen, de vijf zintuigen (licht en beelden, wierook, muziek, kussen, eten en drinken). Belang van het manuele, materiële werk in de abdijen. Dichter bij ons: de nadruk op het samengaan van gerechtigheid Gods en de zorg voor lichamelijk-geestelijk welzijn van alle mensen. De christelijke achting voor het lichaam is groot. Er is één uitzondering: het genot. Het christendom heeft het genot en de erotiek niet gevaloriseerd. Tot op vandaag heeft het de werken van het genietende vlees gedramatiseerd, er een te grote zwaarte aan toegekend. Het is erdoor geobsedeerd. Het christendom heeft meer het werkend en lijdend lichaam gewaardeerd dan het genietende lichaam. En dat heeft zich gewroken.

Zo kom ik tot de tweede uitspraak: de moderne mens heeft de lichamelijkheid opnieuw ontdekt. Ook die uitspraak is maar ten dele juist. Want de vraag is: over welk lichaam gaat het? Gaat het over een ideaal lichaam dat de normen van jeugd, sport, charme, esthetiek opgelegd krijgt, of gaat het over mijn echte lichaam dat ook wel eens vermoeid is, veroudert, afziet, ziek is? Gaat het over een lichaam zonder geur en zwaarte, herleid tot een instrument voor werk en genot, een verklaarbare machine voor de wetenschap, een object zonder mysterie? Het lichaam lijkt op den dop, zegt Xavier Lacroix. Er is nog weinig diversiteit in onze gewaarwordingen, veel geneugten zijn mentaal (PC, TV). In de sport is het lichaam instrumenteel en prestatiegericht. Alleen in de erotiek heb je nog genot en de vleselijke kant van het bestaan, en – in reactie op eeuwen van christelijke argwaan t.a.v. genot – worden intieme gebaren en seksuele daden de ontplooiing van het genietende zelf. De keerzijde van die moderne positieve kijk op genot is, dat seksualiteit dikwijls herleid wordt tot *louter* techniek en middel van genot, en dat klopt niet met de dagelijkse ervaring van mensen.

Tegen die achtergrond wil iemand als Elisabeth Wendel op zoek gaan naar nieuwe, concrete levensruimten voor het kostbaarste en meest bedreigde dat wij hebben, ons lichaam, onszelf, ons leven. Want, zo zegt ze, we zijn ons lichaam. Ze geeft drie opvattingen: 1. Het lichaam is noch op het gebied van de seksualiteit noch op het gebied van de naastenliefde, een prestatie-orgaan, maar de plaats waar wij allen mens worden. Het is de plaats waar onze lichamelijke ego's elkaar ontmoeten, zowel in lust en liefde als in toorn. Het is de plaats waar mensen elkaar wederzijds tot leven roepen. 2. Het lichaam is geen vergankelijk-sterfelijk omhulsel van een eeuwige geest, maar de ruimte van waaruit wij denken. Wij denken vanuit het lichaam. Wij begrijpen met het lichaam. 3. Het lichaam brengt niet alleen onze privacy tot uitdrukking. Het is een politiek orgaan, spiegelbeeld van kosmische en maatschappelijke werkelijkheid. Het weerspiegelt onze ziekten, vergiftigingen en genezingsprocessen. Het is de plaats waar wij de wereld kunnen ervaren: esthetisch, sociaal, politiek, ecologisch. De plaats waar wij elkaars lijden aan den lijve ervaren, in ons lichaam voelen. Zo zegt Che Guevarra: elke slag aan mijn broeder voel ik in mijn lijf.

Welnu, dat lichaam is vlees en geest. En precies onze seksualiteit, ons genot is de plaats waar het meest vleselijke (de openbaring van het vlees als vlees) en het meest spirituele (daar waar men in de dynamiek van de authentieke liefde komt) elkaar ontmoeten. We moeten dus de noties van vlees en geest herdenken, tegen de stereotiepe opvattingen in: dat het vlees louter materieel zou zijn en de geest intellectueel. Het vlees is echter meer dan het biologische en de geest meer dan het mentale. Er is een eenheid. In die zin dat we moeten vertrekken van wat zich afspeelt tijdens de impressionerende openbaring van het lichaam als vlees, d.w.z. van mijn bestaan als zintuiglijk, begerend, affectief. En tegelijk de geest ontdekken als adem, ademhaling en dynamiek van elk wezen. Vlees en geest, het lichaam als de plaats waar onze ego's elkaar ontmoeten. Dat is zeer eenduidig uitgedrukt, maar in realiteit is het dat niet. Want seksualiteit laveert voortdurend tussen lichtheid en ernst. Mensen hebben de ervaring dat seksualiteit ernstig is, want het delen van intimiteit wekt de diepste emoties op, het kan mij herleiden tot een object, in de seksualiteit word ik verwezen naar mijn eigen oorsprong, en bovendien: de vleselijke vereniging is niet altijd communio, liefde, maar ook ambiguïteit, jaloezie, rivaliteit, ontgoocheling, misverstand, eenzaamheid, fascinatie. "Niet alles is rose in eros". Maar anderzijds is seksualiteit ook lichtheid, wellust, spel. De wellust als subjectieve ervaring tot in mijn binnenste ziel, ik verdrink in mijn lichaam en in dat van de andere, ik smelt van plezier. En daarbij het spel. Het is het domein tussen het ik en het niet-ik, tussen realiteit en fictie. Door te spelen temmen we het reële. Seksuele omgang is het wederzijds temmen van vreemdheid: spel met afstand, schaamte, iets tussen grens en begeerte, decent en indecent, respect en ontsporing. Spel is erotiek, want het is geestelijk: Spel is antigewichtdoenerij, iets onnuttig, voor het plezier, door het spel bezweren we het geweld (we imiteren het in ons spel, temmen het en bannen het zo uit).

En laverend tussen lichtheid en ernst proberen mensen een antwoord te vinden op de vraag welke betekenis hun seksuele gebaren en daden hebben. Voor de oude christelijke moraal was het de voortplanting die het ongeordende en tumultueuze van de vleselijke omgang rechtvaardigde, nu staat ook het liefdesgevoel mee centraal. Hoe komt het dat liefde en seks kunnen verbonden worden? Seksualiteit is iets dierlijks met schaamteloze gebaren (sommige culturen vinden dat zelfs lelijk), een kinderachtig spel. Liefde is een edel gevoel, een sublieme waarde, een deugd, een goddelijk attribuut. Volgens sommigen heeft seks niets te maken met liefde. Ik denk dat dit niet klopt. Er zijn twee ingangspoorten van de seksualiteit naar de alteriteit: onze begeerte en onze gebaren. Begeerte om de andere te kennen tot in zijn/haar vlees. De andere kennen is lippen, lichaamspoorten, intiem betasten van zijn leven die het mijne is geworden. Gedeelde sensaties alsof men samen geboren wordt. Kennen is "co-naître". Ik begeer de begeerte van de andere naar mij. Ik begeer de begerende ander. Ik ben door hem ontroerd en die ontroering prikkelt mij seksueel. En dan heb je de gebaren, die niet alleen de middelen zijn om tot het orgasme te komen. Ze zijn de taal, de poëzie van onze weg naar de ander (poiein= maken: faire l'amour, liefde bedrijven, d.w.z. vorm geven, opbouwen, in gang zetten). Onze gebaren van tederheid zijn wijzelf. Daarom is het zo belangrijk, en hier spreek ik uitdrukkelijk inclusief, dat de poëzie van seksuele gebaren zowel de homoseksuele als de heteroseksuele toewending overvleugelt. Maar dat is stof voor een andere lezing. Ik wil alleen zeggen dat ook alle gebaren binnen homoseksuele relaties dragers kunnen zijn van zin, en dat die zin globaal en essentieel in de richting kan gaan van een ethiek van de liefde. En ik aarzel niet die liefde vanuit het scheppingsgeloof te duiden. Namelijk het vertrouwen dat ik geborgen ben in een oneindige liefde, in iemand die mij het eerst heeft bemind.

Scheppingsgeloof beoogt niet een verklaringsgrond voor het ontstaan van de wereld, maar antwoordt op de vraag: waarom? Waarom ben ik er ? Omdat iemand mij wil. Ik word in het bestaan geroepen. Door het Woord, door Gods spreken. Dat is een daad van vriendschap: ik word in het bestaan gewenst. En als ik zeg 'ik', in mijn zijn, in mijn zo-zijn, dan heb ik het niet over mijn deelachtigheid aan een algemene menselijke essentie, maar over mijn unieke historische eigenheid zoals die verschijnt in mijn eigen tekst, zoals Frans Vosman Paul Ricoeur nazegt. En die eigen tekst is mijn lichaam, mijn seksualiteit, mijn geschiedenis met mezelf, met mijn Schepper en met anderen, waarbij de geaardheid die een mens in zichzelf ontwaart een onmiskenbare bron van mogelijkheden, vreugde en roeping kan zijn.

Geloven en liefhebben situeren zich fundamenteel daar. God roept de mens als vriend of vriendin om samen de tekst verder te schrijven. Een unieke geschiedenis op de eigen unieke weg. Het vertrouwen in die uniciteit is de sterkste kracht tegen elk vorm van marginalisering. Geloven is daaraan trouw zijn en de moed hebben die weg te gaan. De bijbelse geschriften staan vol verhalen over mensen die met niets meer dan met dit schamele, want altijd aanvechtbare en aangevochten vertrouwen 'op weg gegaan' zijn. Gaandeweg herkenden zij God als Jahwe. Hij die heeft gezegd: "Ik zal er zijn voor jou als jij mij vraagt: wees er voor mij." Vanuit dit vertrouwen in Jahwe is ook Jezus van Nazareth zijn eigen unieke weg gegaan met de droom van een menswaardige wereld, een samenleving waarin de liefde van God voor zijn schepping en voor elk schepsel, recht wordt gedaan. Dat is voor mij ook de kern van mijn keuze voor het leren leven met verschillen in gelijkwaardigheid met elkaar.

ALS AFSLUITING

Er is veel meer niet dan wel gezegd. Laat me eindigen met mijn hoop uit te spreken dat we de zo noodzakelijke differentie en de alteriteit ook in homoseksuele relaties kunnen erkennen en waarderen als sporen van het mysterie van de gans Andere.

THE DUTCH REFORMED CHURCH (SOUTH AFRICA) AND HOMOSEXUALITY

Pieter Coertzen

INTRODUCTION

Like many other churches all over the world the Dutch Reformed Church (South Africa) is also struggling with the question of homosexuality. At the moment the Church has still not come to a clear decision on its viewpoint. This article wants to give an historical overview of the road that the church has travelled with this question over the last twenty years and where it stands at the moment.

The Dutch Reformed Church as a denomination consists of local congregations, presbyteries or circuits, regional synods and a General Synod. The General Synod meets every four years and is constituted by delegates from the regional synods. All the church councils work through commissions. The function of the general Synod is i.a. to determine the Confessions of Faith of the Church as a denomination, also to determine the Church Order and then also the policy that the denomination must follow on certain issues (Kerkorde NG Kerk, 2004, art 43). One of these issues is the standpoint of the Church on homosexuality.

The Dutch Reformed Church has been in South Africa since 1652. The first General Synod met in 1962 and was followed by subsequent synods every four years.

Within the Reformed world there also exists the Reformed Ecumenical Council. Previously it was called the Reformed Ecumenical Synod. It is an ecumenical body of Reformed churches all over the world most of who have historical ties with the Netherlands.

In this article no direct quotations are made from Afrikaans documents since it is often difficult to make the correct translation. An attempt is made to give the essence of decisions taken and every detail of a decision is not given. References are given to where the decisions and statements can be found.

1 THE ROAD TRAVELED 1986-2006

1.1. The first time that we read about homosexuality in the official documents of the General Synod is in the Agenda of the General Synod of 1986. There we read under the report of the General Commission for Deeds of Mercy that that this Commission had prepared a report to bring before Synod. It is an extensive report of eight A4 pages, small print, double column. In the report the Commission mentions the following reasons for writing the report. There was firstly a deep concern about the stream of publications in periodicals and newspapers propagating the living together of homosexual persons and also propagating the acceptance of a homosexual way of living. Secondly there were urgent inquiries about the viewpoint of the Dutch Reformed Church on the matter of homosexuality and also about the services that the Dutch Reformed Church provided for the benefit of homosexual members (Agenda Algemene Sinode, 1986, 355).

The report then continues to mention that by 1987 the only service rendered to homosexual persons in the Dutch Reformed Church was work that was being done by a commission of the congregation of Silverton called "Philadelphia in Christ". The local Church Counsel of Silverton and the Commission largely sponsored the work for Deeds of Mercy of the regional Synod of the Eastern Transvaal. By 1985 the congregation of Silverton withdrew from the work and subsequently also the Synod of Eastern Transvaal so that by 27 November 1985 it was stated that no official work under the auspices of the Dutch Reformed Church was done with regard to homosexuality. A request was put to the General Commission for Deeds of Mercy to do something in this regard. The General Commission found that it first must avail itself of the nature and substance of homosexuality and consider it in the light of Scripture before planning and executing a service in this regard. Given this premise the Committee prepared the report that served before the General Synod of 1986 (Agenda Algemene Sinode, 1986,234-235).

The Report of 1986 however also contains interesting background information. It namely points out that there were drastic changes of opinion regarding homosexuality within certain Churches in England, Germany, and especially in the Netherlands. In the Netherlands it was in the Roman Catholic Church, the Dutch Reformed Church and the Reformed Churches where changes of opinion took place. Already in 1972 a Commission of the Reformed Churches expressed the opinion that the way to go with regard to a homosexual persons was the way of a loving and lasting relationship. The Synod of 1972 accepted a report in this regard as a discussion document. This meant that Synod expressed no opinion about the report but made available to congregations seeing it as a good document to help form an opinion. The opinion of the Dutch Council of Churches as well as that of the Reformed Ecumenical Council was also asked.

By 1979 the Synod of the Reformed Churches decided to not any longer wait on a report about the hermeneutical aspects of the matter but to act in a pastoral way towards homosexual members against whom have been discriminated in the past. Congregations were called on to accept homophile members and to facilitate dialogue between homosexual and heterosexual members and to further the communion of saints by not prohibiting practicing homosexual members to partake in holy communion or to officially exercise an office in the church. This decision of Synod created much tension both within the ranks of the Reformed Churches as well as the Reformed Ecumenical Council. At the meeting of the Reformed Ecumenical Synod in Nîmes in 1980 the delegates of the Reformed Churches of the Netherlands explained their action by arguing that they made a pastoral decision and did pass an ethical judgement. Concern was expressed by other member churches that the Reformed Churches of the Netherlands made no distinction between a homophile orientation and the practicing of homosexuality and also that they were not prepared to call the practicing of homosexuality a sin. It was the opinion of the Reformed Ecumenical Council that in order to really give pastoral advice to both homosexual as well as heterosexual members it was necessary to give the witness of Scripture with regard to homosexual practices. In 1981 the Reformed Churches of the Netherlands presented their report "Homophilia" to the member churches of the Reformed Ecumenical Council as their answer to the decisions of the Synod of Nîmes. Upon this the Reformed Ecumenical Synod meeting in Chicago in 1984 took the following decision:

> That the RES (Reformed Ecumenical Synod) reaffirm its conviction that all homosexual practices are sin ——— this is done over and against the implied acceptance of homosexuality as another legitimate way of sexual expression (other than the relationship of men and women in marriage) in the pastoral advice of the General Synod of the GKN (Reformed Churches in the Netherlands) (Delft 1979/80) and in "Homophilia".
> "The RES specifically expresses its most urgent concern for restoring relationships among the churches in its fellowship, in the context of the crisis occasioned by the practice of the GKN allowing homosexual relationships even for its office bearers. In this respect Synod appeals to the GKN to respond to the disappointment and disillusionment of the churches of the RES and to withdraw its pastoral advice in the matter of homophilia.

> That Synod instructed the Interim Committee to convey these concerns to the GKN and request the GKN to reply to them in writing before June 1986, and to communicate their reply to the member churches as soon as possible.

Notice must be taken that also within the Reformed Ecumenical Council there were after 1984 certain developments regarding homosexuality. These developments are however not the theme of this paper.

This brings us to the decisions that the General Synod of the Dutch Reformed Church took in October 1986. The General Synod took a decision with ten sub divisions. Synod firstly decided that in the light of Scripture homosexuality is a deviating form of sexuality. Secondly Synod decided that homosexual practices and a homosexual relationship must be rejected as being contrary to God's will as it is revealed in Scripture. Thirdly it was decided that the Church has its own characteristically responsibility towards homosexuals. This implies a growing of faith in Christ and a life of obedience to God according to the norms of His Word and to the glory of His Name. In the fourth place Synod decided that a homosexual member of the Church may not be denied the community of the saints as a result of his deviating orientation and may also not be denied the opportunity of service in the Kingdom of God. The other six decisions all refer to matters that the different councils and commissions of the church can do and are called to do with regard to homosexuals (Agenda, 1986,363;Acts, 1986,672).

1.2. At the General Synod of 1990 the General Commission for Deeds of Mercy reported to Synod that it had negotiated with the state authorities for financial aid with a view to specialized services by the Church for homosexual persons. Due to the then current financial position in the country the authorities did not see their way open to increase their subsidy to the church. The Commission however did work on a program of action as approved by the General Synod of 1986. It was also reported that a sub committee of the General Commission for Deeds of Mercy was working on the report of 1986 taking into account recent results of research and consequently also the reformulation of some of the aspects of the policy as approved in 1986 (Agenda General Synod 1990,353). In the Acts of the Synod we read that notice was taken of this report (Acts General Synod 1990, 675).

1.3. In the Agendas and Acts of the General Synods of 1994 and 1998 nothing is reported or noted on homosexuality (Agenda General Synod 1994 and 1998; Acts General Synod 1994 and 1998).

1.4. At the General Synod of 2002 the matter of homosexuality was again brought before Synod, this time by the General Commission for Doctrine and Present Day Issues. The first recommendation of the Commission was that in the light of ongoing reflection General Synod declares that it can no longer associate itself as such with the 1986 report ***Homosexuality. What the Church says (1986)***. To this an amendment was added from the floor of the Synod namely that in the light of ongoing reflection General Synod declares that there is a serious difference of opinion in the Church on Synod's viewpoint over homosexuality. In an interpretation of this decision Synod declared that it understands the situation to be that there is reason to again look at its standpoint on homosexuality. The decision of 1986 stands until it is revoked but synod acknowledges that a new open situation has come about while waiting for a decision from the next General Synod. In further decisions on the report Synod i.a. recognized that relationships between members of the same sex is possible in society but it also firmly states that to its mind only the relationship between one man and one woman can, according to Synods' understanding of Scripture be viewed as a marriage. Both heterosexual and homosexual promiscuity is condemned in the strongest terms. Furthermore the General Commission for Doctrine and Present Day Issues was asked to make a thorough and comprehensive study about homosexuality for the next General Synod. In this study the viewpoints of other commissions of the General Synod as well as the opinion of experts and of members of the Church with a homosexual orientation must be heard. The study must also be undertaken with cognizance of the broader anthropological question about the role of the sexual in the life of a human being and of society. All the church councils are asked to treat the matter with care and respect and the members of the Church is asked to accept persons with a homosexual orientation in the style and attitude of Jesus Chris (Handelinge Algemene Sinode 2002,551-552).

1.5. In October 2004 the General Synod, meeting in Hartenbos, a seaside resort on the south coast of South Africa i.a. took the following decisions on homosexuality – the decisions as before are not quoted literally and not all the decisions are mentioned. (a) It is the task of the church to bring the Gospel; to all people in all circumstances – also on human sexuality so that the message of hope and liberation in Christ can be brought home. (b) Synod recognized that there are differences of opinion within the Dutch Reformed Church about the interpretation of Scripture on homosexuality. In this regard Synod undertook to continue with study and dialogue on the issue to be able to serve the members of the Church with a responsible viewpoint. (c) Once again Synod stated that according to its understanding of Scripture only the union between one man and one woman can be seen as a marriage. (d) Synod also repeated its view of 2002 that it rejects both heterosexual and homosexual promiscuity. (e) Furthermore Synod stated that all members of the Church, irrespective of their sexual orientation, are included in God's love and on account of their baptism should be accepted a full members of the Church; also that everybody's witness regarding their faith, their commitment and their sexual orientation must be taken seriously and their integrity accepted (Handelinge Algemene Sinode, 2004, 433).

These decisions of the Synod were taken on recommendation of the General Committee for Doctrine and Present Day Issues. After the report was accepted by Synod a member of Synod came to the microphone and made the following statement "this decision revokes the previous decision of the General Synod and now becomes the official viewpoint of the General Synod." The Chairman allowed the remark and without a vote it was taken up in the minutes of the meeting although in italics to indicate that it was not part of the report that was accepted by Synod. The effect of this was that the Dutch Reformed Church now had only the decision of 2004 as it official viewpoint on homosexuality and clearly this viewpoint was not very clear.

1.6. Shortly after these decisions of the Synod a lot of confusion broke loose in the Church. Some members and officials of the Church interpreted the decisions of 2004 as saying that with this decision Synod gave permission to practicing homosexuals to be allowed to the office of minister in the Church and that Synod also created space for responsible plasticizing homosexual relationships in the Church.

1.7. The ***Kerkbode*** – the official newspaper of the Church then asked the Actuaries of the Church (the official responsible for the Church Order and the interpretation of Synod decisions) to respond to these interpretations. The response started by stating that it does not often happen that a Church admits to not being sure. On the case of homosexuality the Dutch Reformed Church said: we do not know for sure; we admit that there are different interpretations on what Scripture says about homosexuality. Much was still needed to be thought and talked about in this regard. With regard to membership the Church does not want to treat members with a homosexual orientation differently from any other member in the Church. It is admitted that this immediately raises the question about admitting practicing homosexuals to the office of minister in the Church. To this the Actuaries says that this precisely the kind of matter about which Synod said that it does not know for sure and that this can only be considered once the Church has clarity on the interpretation of what Scripture says about homosexuality – in the meantime such people are not excluded from membership (Berig in Kerkbode, Oktober 2004).

1.8. On 19 October 2004 the Moderature of the Church took a decision in which they refuted the interpretation of the decision of Synod as if it allowed practicing homosexuals to be allowed into the office of minister in the Church. The decision also pointed out that in terms of Scripture only the loving bond between one man and one woman can be seen as a marriage and that both heterosexual and homosexual promiscuity are condemned in the strongest terms possible. The Moderature also pointed out that the implications of these and other decisions of Synod, such as that it created space for a responsible practicing of homosexual love relationships and the admittance of practicing homosexuals to the office of ministry, were not discussed and no decisions were taken. It awaited further study and discussion. The Moderature also expressed its concern that the interpretations that were attached to the decisions of Synod only served polarization, created false expectations and hampered discussion in the Church (Besluite Moderatuur Algemene Sinode, 19 Oktober 2004).

1.9. In May 2005 the Moderamen of the Dutch Reformed Church, a representative body that meets twice a year, subscribed to the decision of the General Synod and especially to the fact that the Moderature warned against interpretations that wanted to go further than the General Synod itself. It also warned against polarization, the creation of false expectations and the hampering of the discussion. The Moderamen also pointed out that the different Church councils such as local councils, circuits and synods had to judge specific cases in the light of Scripture and the Churches' Confessions of Faith. This had to be done in a manner which, is consistent with the Church and with love. In cases where church orderly advice was needed the advice of the Actuarius of the General Synod could be asked (Besluite Moderamen, Nederduitse Gereformeerde Kerk, Mei 2005).

1.10. In the mean time in April 2005 an accusation was brought against a minister of the St Stephens Dutch Reformed Church in Cape Town by his homosexual partner. In a letter delivered to the Church Council and stamped with the date 3 April 2005 it is stated that the minister and his partner was officially sworn in to a life long relationship on 23 December 2004 by a minister at the Begijnhof in Amsterdam. The minister of St Stephens is also amongst other matters accused of promiscuity with different partners. Clearly these accusations created questions for the Dutch Reformed Church as a whole (Dokumente Regskommissie van die Ring van die Kaap van Goeie Hoop 2005). Clearly this was the background to the decisions, which the Moderamen took in May 2005. The Law Commission of the Circuit of the Cape of Good Hope investigated the accusations against the minister and on 24 August 2005 recommended that he be dismissed from serving in the St Stephens congregation; furthermore they recommended to the General Synod that his official status as minister be suspended and that he only be officially reinstated given an undertaking that he will live celibate with regard to people of his own gender. In an appeal from the minister of St Stephens the decision of the Circuit of the Cape of Good Hope was upheld by the Appeal Commission of the Synod of the Dutch Reformed Church in South Africa (Western and Southern Cape) (Dokumente van die Regskommissie van die Ring van die Kaap van Goeie Hoop, 2005; Dokumente van die Sinodale Appèlkommissie van die NG Kerk in Suid-Afrika (Wes- en Suid-Kaap, 2005-2006).

1.11. The Actuarius of the General Synod, dr. Nelus Niemandt, during this time (2005) wrote an opinion on the decisions of the Law Commission of the Circuit of the Cape of Good Hope. He did this in the hope that it will help people to understand the way in which the Dutch Reformed Church handled such cases. He pointed out that the disciplining of ministers was a matter that was primarily the task of the Circuit to which the minister belonged and that the Circuit did this in the light of Scripture and the Confessions of Faith. The disciplining also had to be done in a manner consistent with the identity of the church and with love. He also stated that the decisions of the Synod of 2004 did not exclude the right of a Circuit to exercise oversight and discipline over the whole life of a minister and to act according to their own discretion in the light of Scripture and the confession of the Church. A Circuit's discretion to decide which sins need to be disciplined is not something that is prescribed by the General Synod. It is therefore possible that a Circuit may take decisions about a minister who is involved in a homosexual relationship without being inhibited by the fact that the General Synod is busy with discussions and study on the matter. A Circuit may also seek guidance in decisions, which the General Synod took in the past. Furthermore the decisions of 2004 must not be understood as allowing practicing homosexuals to the office of minister in the Church or as making room for responsible practicing homosexual love relations, neither can either of these possibilities be seen as a consequence of full membership in the Church – nothing of this was discussed at the Synod. All of these were matters that awaited further study and discussion. A position on allowing practising homosexuals to the offices in the Church and especially to the office of minister can only be taken after clarity has been found on the interpretation of the available information in Scripture about homosexuality. This does not exclude homosexual persons from membership of the Church. The 2004 decisions of the General Synod did not condone homosexual practices or homosexual relationships as in accordance with the will of God. These matters were referred for further study (Kommentaar Aktuarius Algemene Sinode oor die Besluite van die Regskommissie van die Ring van die Kaap van Goeie Hoop, 24 Augustus 2005).

1.12. On 1 September 2005 the Moderature again discussed the matter and took the following decisions: The decisions of 1986 were revoked and the binding decisions are that of 2004. It is stressed that people with a homosexual orientation are included in the love of God and should on account of their baptism be accepted as full members of the Church, their integrity should also be accepted. The Moderature is very much aware of the fact that further study and discussion is very necessary. Members of the Church and official church councils are called upon to form their own viewpoints on this matter with Scripture and the Confessions of Faith as foundation of reflection. Discussion with the Churches' own tradition as well as with members of other denominations and with society can only be good in this process. It is also stated that as far as our knowledge goes non of the other mainline churches in South Africa at the moment allow practicing homosexuals to the offices of either minister, priest or pastor (Besluite Moderatuur NG Kerk 1 September 2005).

1.13. In October 2005 the General Law Commission of the General Synod gave the following interpretation regarding the decisions of the General Synod of 2004 and developments since then. The General Law Commission confirmed that complaints about homosexual relationships are acceptable. Disciplining is possible in the light of Scripture and the confession of the Church. The Curatoria at the three training centres of Dutch Reformed ministers (i.e. Stellenbosch, Pretoria and Bloemfontein) are advised not to legitimate practicing homosexuals for ministry in the Church. The whole Dutch Reformed denomination is advised that the General Synod did not decide to allow practicing homosexuals to the office of minister. The General Synod did decide that only the bond between one man and one woman can be viewed as a marriage. All other forms of a permanent bond as if it were a marriage are not recognized by the General Synod (Notule Algemene Taakgroep Regte, NG Kerk, Oktober 2005).

1.14. Also in 2005 five of the eight regional synods of the Dutch Reformed Church took decisions in which they stated that on grounds of Scripture the practicing of homosexuals can not be accepted. Some congregations also took decisions rejecting the practice of homosexuals.

1.15. On 16 May 2006 the General Law Commission of the DRC confirmed the decision of the Law Commission of the Circuit of the Cape of Good Hope and took away the status of the minister of St Stephens congregation as well as denying him he right of election as minister (Notule Algemene Taakgroep Regte, NG Kerk, 16 Mei 2006).

1.16. Note was taken that on 22 February 2006 the minister of St Stephens gave notice of his intention to appeal to the General Law Commission of the Dutch Reformed Church against the decision of the Law Commission of the Dutch Reformed Church in South Africa (Western and Southern Cape) to uphold the decision of the Circuit of the Cape of Good Hope (Agenda Dagbestuur, Algemene Taakgroep Regte NG Kerk, 8 Augustus 2006). This appeal must still be heard before the next meeting of the general Synod in June 2007.

IN CONCLUSION

It is clear that the Dutch Reformed Church (South Africa) is seriously grappling with homosexuality and homosexualism. That it is not alone in this endeavour is clear in the reports from many churches around the world. Matters concerning the minister of the congregation of St Stephens have complicated the issue in South Africa. Everybody is earnestly awaiting the decisions of the General Synod of 2007.

BIBLIOGRAPHY

Agenda vir die sewende vergadering van die Algemene Sinode van die Nederduitse Gereformeerde Kerk te Kaapstad, Dinsdag 14 – Saterdag 25 Oktober 1986

Agenda vir die agste vergadering van die Algemene Sinode van die Nederduitse Gereformeerde Kerk te Bloemfontein, Dinsdag 16 – Vrydag 26 Oktober 1990

Agenda vir die negende vergadering van die Algemene Sinode van die Nederduitse Gereformeerde Kerk in Pretoria Dinsdag 11 – Donderdag 20 Oktober 1994.

Agenda vir die tiende vergadering van die Algemene Sinode van die Nederduitse Gereformeerde Kerk in Pretoria Sondag 11 tot Saterdag 17 Oktober 1998.

Agenda vir die elfde sitting van die Algemene Sinode van die Nederduitse Gereformeerde Kerk in Pretoria Sondag 13 tot Saterdag 19 Oktober 2002.

Agenda vir die twaalfde sitting van die Algemene Sinode van die Nederduitse Gereformeerde Kerk, Hartenbos Sondag 10 tot Saterdagt 16 Oktober 2004.

Agenda vir 'n vergadering van die Dagbestuur van die Algemene Taakgroep Regte, 8 Augustus 2006.

Berig van die Aktuarius van die Algemene Sinode van die Nederduitse Gereformeeerde Kerk in Kerkbode Oktober 2004

Besluite van die Moderamen van die Algemene Sinode van die Nederduitse Gereformeerde Kerk Mei 2005.

Besluite van die Moderatuur van die Algemene Sinode van die Nederduitse Gereformeerde Kerk 19 Oktober 2004.

Besluite van die Moderatuur van die Algemene Sinode van die Nederduitse Gereformeerde Kerk 1 September 2005.

Dokumente van die Appèlliggaam van die Sinode van die Nederduitse Gereformeerde Kerk van Suid-Afrika (Wes- en Suid-Kaap) 2005-2006.

Dokumente van die Regskommissie van die Ring van die Kaap van Goeie Hoop, 2005

Handelinge van die sewende Vergadering van die Algemene Sinode van die Nederduitse Gereformeerde Kerk te Kaapstad, Dinsdag 14 – Saterdag 25 Oktober 1986

Handelinge van die agste vergadering van die Algemene Sinode van die Nederduitse Gereformeerde Kerk gehou in Bloemfontein, Dinsdag 16 Oktober tot Donderdag 25 Oktober 1990

Handelinge van die negende Algemene Sinode van die Nederduitse Gereformeerde Kerk in Pretoria 11 – 20 Oktober 1994.

Handelinge van die tiende vergadering van die Algemene Sinode van die Nederduitse Gereformeerde Kerk in Pretoria Sondag 11 tot Saterdag 17 Oktober 1998

Handelinge vir die elfde sitting van die Algemene Sinode van die Nederduitse Gereformeerde Kerk in Pretoria Sondag 13 tot Saterdag 19 Oktober 2002.

Handelinge van die twaalfde sitting van die Algemene Sinode van die Nederduitse Gereformeerde Kerk, Hartenbos, Sondag 10 Oktober tot Vrydag 15 Oktober 2004.

Kerkorde van die Nederduitse Gereformeerde Kerk, 2004 met Reglemente, Kerkordelike Riglyne en Funksionele Belsuite soos vasgestel deur die AlgemeneSinode in Oktober 2004, Lux Verbi.BM, Wellington.

Kommentaar Aktuarius van die Algemene Sinode van die Nederduitse Gereformeerde Kerk 24 Augustus 2005

Notule van 'n vergadering van die Algemene Taakgroep Regte van die Nederduitse Gereformeerde Kerk, Oktober 2005

Notule van 'n vergadering van die Algemene Taakgroep Regte van die Nederduitse Gereformeerde Kerk 16 Mei 2006.

Notule van 'n vergadering van die Dagbestuur van die Algemene Taakgroep Regte, Dinsdag 8 Augustus 2006.

HOMOSEKSUALITEIT EN WIJDING

R.G.W. HUYSMANS

Interventie in het publieke debat op de Mgr W.Onclin Chair 2006 te Leuven op vrijdag 24 februari 2006.

Twee kwesties wil ik graag kort aan de orde stellen. De eerste betreft een verschil, dat in de bisdommen van de R.K. Kerkprovincie in Nederland binnen het presbyterium kan gaan ontstaan tussen priesters, die naar eigen mening homoseksueel zijn en van wie dat bekend is, en overige priesters. De bisschoppen kunnen van sommige priesters weten, dat zij zich zo inschatten, omdat zij lid zijn van het Werkverband van Katholieke Homo-Pastores (WKHP), in een interview dit vertellen of deelnemen aan een homo manifestatie. Wat gaan de Nederlandse bisschoppen, getrouw aan Rome als zij zijn, in hun personeelsbeleid doen met die priesters, die homoseksueel zijn? Een geheime, begeleidende brief van de Congregatie voor het Onderwijs in Rome bij haar Instructie van 4 november 2005 draagt de bisschoppen op om homoseksuele priesters niet te benoemen tot rectoren in seminaries en opvoeders in priesteropleidingen. Maar zal dat de enige uitsluiting blijven? Of zullen er meer, maar dan verborgen uitsluitingen volgen, waardoor dergelijke priesters ook niet in andere verantwoordelijke functies zullen worden benoemd? Ik denk daarbij aan vicaris generaal, vicaris episcopaal, deken, bisschoppelijk gedelegeerde, gerechtsvicaris, rechter of hoofd van een regio.

De tweede kwestie betreft de redenen, die nodig zijn om van Rome dispensatie van de priesterlijke verplichtingen, waaronder die van het celibaat, te verkrijgen. Sinds enige jaren neemt de Congregatie voor de Eredienst en de Sacramenten verzoeken daartoe van priesters onder de veertig jaar niet in behandeling, tenzij er uitzonderlijke redenen bijkomen. Een van die redenen is volgens een brief van die Congregatie van 6 juni 1997, als 'defects' (Engels) van een priesterkandidaat aan de seminarieoversten vóór de priesterwijding reeds gebleken zijn en zij die toen niet serieus in beschouwing hebben genomen. Er is dan sprake van schuld van de kerk en aan de opleiding kan nalatigheid worden verweten. Kan, zal daartoe nu ook sinds de recente Instructie van de Congregatie voor het Onderwijs achteraf de homoseksuele geaardheid van iemand toegerekend gaan worden? Dat zou vergemakkelijken, dat een priester de Romeinse dispensatie verkrijgt.

De eerste kwestie, verschil maken tussen de zittende priesters op grond van homoseksualiteit, raakt een nadelig, discriminerend punt voor homoseksuele priesters, de tweede kan een voordelig punt vormen, ingeval zij om dispensatie van de priesterwijding zouden verzoeken. Worden dit twee wegen om hen naar de zijlijn van het presbyterium te duwen?

DEBAT

Hieronder treft u een samenvatting aan van het debat dat op vrijdag 24 februari 2006 plaatsvond met als moderator professor Frans Vanistendael. (faculteit Rechtsgeleerdheid, K.U.Leuven)

R. HUYSMANS: Ik heb twee punten die zowel voor het leven van de Kerk als voor de instructie van 2005 erg belangrijk zijn.

Het eerste punt betreft het mogelijke verschil, in Nederland, tussen priesters waarvan bij de bisschoppen bekend is dat zij homoseksueel zijn en andere priesters. In Nederland bestaat al lang een katholiek werkverband van homopastores. Daar zijn verschillende priesters, diakens en pastoraal werkers die zichzelf achten lid van. Maar niet allemaal. Zo gaat het nu eenmaal. Sommige priesters nemen deel aan roze zondagen en andere manifestaties die op de emancipatie van homoseksuele mannen en vrouwen gericht zijn. Andere doen dat niet. Dit leidt tot een situatie waarbij de bisschop van sommige pastores zeer goed weet dat ze homoseksueel zijn, maar niet van iedereen. Wat gaat de gemiddelde Nederlandse bisschop hiermee doen, bang als hij is voor het Romeinse gezag? Zo vond ik op een Amerikaanse website een geheime brief van Rome waarin te lezen staat dat bisschoppen deze priesters niet mogen aanstellen als leiders van seminaries, oversten, presidenten, leraren enzoverder. Is dat alleen nog maar een begin? Of komen we binnenkort bij verborgen uitsluitingen uit? Komt de tijd waarop homoseksuele priesters, als dusdanig bekend bij de bisschop, in de toekomst geen vicaris-generaal of bisschoppelijk vicaris meer kunnen worden, geen deken, geen officiaal en noem maar op. Dat is een belangrijke kwestie die leeft in bisdommen zoals Haarlem en Rotterdam. Tot hier mijn eerste punt.

Mijn tweede opmerking is de volgende. Rome hanteert, met betrekking tot de dispensatiepraktijk voor priesters die gelaïciseerd willen worden en vrijstelling vragen van de celibaatsverplichting, de laatste jaren vrij strenge regels. De praktijk is eigenlijk dat er geen ruimte is voor dispensatie vooraleer de betrokkene veertig jaar is geworden. Priesters krijgen dat vaak zeer direct te horen. Hun geboortedatum staat immers in hun dispensatieverzoek te lezen. In het antwoord dat ze krijgen staat de exacte datum waarop ze met hun vraag terug kunnen komen, en dat is doorgaans de datum van hun veertigste verjaardag. Er zijn wel uitzonderingen op dit algemene principe, bijvoorbeeld wanneer de seminarieleiding een fout heeft gemaakt in de beoordeling van de geschiktheid van het priesterschap. In dat geval is de seminarieleiding immers zelf verantwoordelijk voor de andere wending die in het leven van de priester is opgetreden. Zou in dat raam een homoseksueel priester van minder dan veertig jaar kunnen aanvoeren dat hij eigenlijk omwille van zijn homoseksualiteit nooit had mogen worden gewijd en dat hij daarom vlugger dispensatie moet krijgen dan andere, heteroseksuele priesters?

Wat is de eigenlijke teneur van mijn interventie? Het eerste punt heeft uiteraard zware consequenties voor priesters die hun homoseksualiteit hebben bekend. Zij komen voortaan niet meer in aanmerking voor leidinggevende functies. Het tweede punt houdt dan weer voordelen in voor homoseksuele priesters. Zij kunnen misschien gemakkelijker dispensatie verkrijgen. Maar laten we nu de twee punten combineren. Homoseksuele priesters komen enerzijds niet langer in aanmerking voor belangrijke functies, en kunnen anderzijds gemakkelijker dispensatie verkrijgen. Betekent zulks dat de uitgang voor homoseksuele priesters voortaan wijd open staat? Het is een rotvraag, maar tegelijk een vraag die in Nederland leeft. Dat waren mijn twee punten.

Een derde, enigszins voor de hand liggend, punt zou kunnen zijn: wat gaan de bisschoppen doen met leken in pastorale dienst die homoseksueel zijn? Strikt genomen slaat de instructie niet op hen.

F. VANISTENDAEL: graag bracht ik enkele discussiepunten naar voren.

Het eerste punt betreft de instructie als intrusie. Hierbij heb ik twee vragen. In het referaat van collega Torfs wordt aangevoerd dat de instructie in feite in het wetgevende veld terechtkomt. Welnu, dat gebeurt niet alleen in de katholiek kerk. Een gelijkaardig verschijnsel bestaat in mijn vakgebied, het fiscale recht. Zo is er een internationale organisatie die werkelijk niemand vertegenwoordigt en die allerlei commentaren formuleert over internationale belastingsverdragen, de organisatie van economische samenwerking en ontwikkeling enz. Hun commentaren hebben de bedoeling echt een wetgevend karakter te vertonen en belastingsverdragen inhoudelijk te wijzigen. Ze verwachten van de staten die participeren dat ze hun wijzigingen accepteren. Dat is een algemeen verschijnsel geworden. Gisteren was ik op een vergadering waar het bestuur drie uren vergaderde en dan de algemene vergadering op vijf minuten tijd alles wat al was beslist, formeel liet goedkeuren. Kortom, de wetgevende aspiraties van de uitvoerders zijn niet meer te stuiten en mogen gerust worden beschouwd als een algemeen fenomeen. Dat is niet erg, zolang er maar onafhankelijke rechtbanken blijven.

Een tweede punt dat Rik Torfs aanhaalde was het stilzwijgen van de wet, waaruit hij afleidde, dat aan dit stilzwijgen eventueel rechten konden worden ontleend, waardoor de instructie niet langer gerechtigd was die in te perken. Daar heb ik vragen bij. Kan men aan het stilzwijgen van een wet rechten ontlenen? Daar zou ik graag een toelichting over horen. Natuurlijk begrijp ik dat een instructie geen bestaande rechten kan inperken, maar is er daadwerkelijk sprake van rechten wanneer de wetgever zich in stilzwijgen hult?

Vervolgens zijn er de redenen die volgens de instructie een bezwaar vormen om een man tot priester te wijden. Dat zijn het in praktijk brengen van de homoseksualiteit, het ondersteunen van de homocultuur en homoseksuele neigingen of oriëntaties. Met het eerste punt heb ik geen groot probleem. Als kan bewezen worden dat iemand zijn homoseksuele neigingen in de praktijk brengt, is de kandidaat niet voor het priesterschap geschikt. Wat met het ondersteunen van de homocultuur? Hier kan worden aangevoerd dat het ondersteunen van een cultuur die werkelijk tegen de leer en de traditie van de Kerk indruist, de priesterwijding inderdaad in de weg staat. Maar het derde criterium ligt moeilijker. Wat is dat eigenlijk, diepgewortelde homoseksuele neigingen? Volgens de instructie gaat het om een stoornis. Hierover hoorden we een psychiatrisch verhaal waarmee ik enigszins worstel, want blijkbaar werd de wetenschappelijke vraag over het al dan niet pathologische karakter van homoseksualiteit door een meerderheidsstemming beslecht. Voor mij is dat een problematische zaak. Wetenschappelijk gezien is een bepaalde stelling juist of fout. Zoiets wordt niet uitgemaakt aan de hand van een democratische stemming. Maar blijkbaar verloopt dat bij psychiaters toch anders. Moet de Kerk homoseksualiteit als een stoornis blijven beschouwen? De Kerk heeft op dat vlak een lange traditie om dat wel te doen. Maar ze had ook een lange traditie die zegde dat de zon rond de aarde draaide, een traditie die zij onder druk van wetenschappelijk bewijsmateriaal heeft moeten opgeven. In theorie is het ook mogelijk om homoseksualiteit niet medisch te stigmatiseren en gewoon over seksuele meerderheden en minderheden te spreken. Zo bestaat er een meerderheid van rechtshandige mensen, en daarnaast ook een minderheid van linkshandigen. Hier heb ik een vraag. Waarom hebben we blijkbaar geen probleem met linkshandigen die naast rechtshandigen bestaan, en wel met homoseksuelen naast heteroseksuelen?

A. BEYNE: In het verleden werden mensen toch af en toe negatief benaderd omdat ze linkshandig waren. Dat leidde blijkbaar tot problemen. Niet voor de natuur, maar voor de medemens.

F. VANISTENDAEL: We kampen hier met een probleem. In dit debat mis ik een stem, namelijk die van de antropologie. Over wetenschap hebben wij hier een opinie, en ook over de rechtspositie van de homoseksuelen. Tegelijk leven we in een wereld waarin op de meeste plaatsen homoseksualiteit nog steeds als iets slechts wordt gezien. Het in praktijk brengen ervan is in diverse landen een misdrijf. Dat is een vraagstuk dat we via de antropologie zouden kunnen analyseren. Dokter Beyne gaf een aanzet in die richting, door te zeggen dat soms niet homoseksualiteit op zichzelf het probleem is, maar wel de integratie van de homoseksualiteit in het gehele leven van de persoon en in de samenleving. Dit facet van de problematiek werd onvoldoende uitgespit.

E. VANDEN BERGHE: Iemand stelde mij een schriftelijke vraag: hoe rijmt u een negatief geschiktheidoordeel bij de toelating tot de wijding, dus een *nihil obstat*, met de positief ingevulde vormingseisen die in het raam van de priesteropleiding aan de orde zijn?

Achter deze vraag schuilt naar mijn aanvoelen een misverstand want waar het op aankomt, is natuurlijk het positieve profiel dat van de priester wordt verwacht, met eisen betreffende geschiktheid, voldoende vaardigheid, voldoende persoonlijkheid, affectief evenwicht enz. Maar om al deze vragen te behandelen op een wijze die binnen de perken van onze bevoegdheden blijft, stellen verantwoordelijken van seminaries deze vraag uiteindelijk negatief. Hun redeneerwijze luidt als volgt: wanneer de ongeschiktheid om gewijd te worden niet blijkt, is de kandidaat geschikt. We nemen dus in zekere zin de eerder minimalistische optie. Dat is wellicht de meest faire aanpak. Anders ga je, wanneer je over de geschiktheid van de kandidaat beraadslaagt, een bepaalde dynamiek opbouwen, die geleidelijk aan in volmaaktheideisen uitmondt die niet meer van deze wereld zijn. Daar moet je goed voor opletten wanneer het over kerkelijk dienstpersoneel gaat. Ook deze mensen moeten en kunnen niet volmaakt zijn.

A. VAN DER HELM: Een groot probleem is het onderscheid tussen het *forum internum* en het *forum externum*. Wanneer het daarover gaat is, met betrekking tot de juridische relevantie van homoseksuele neigingen die niet tot praktisch handelen leiden, de grens moeilijk te trekken. Neem nu homoseksuele neigingen van een priesterkandidaat die alleen bij zijn geestelijk leidsman bekend zijn. Wordt die niet indirect onder druk gezet om er toch iets van door te geven? Op hem rust een heel zware druk. Die druk is niet bepaald aardig te noemen maar past misschien wel in de strategie die professor Huysmans suggereerde en die erin bestaat de homoseksuele priester te weren.

F. VANISTENDAEL: Ik constateer dat verantwoordelijken voor seminarie-opleidingen blijkbaar niet rechtstreeks met het controleren van homoseksuele neigingen bezig zijn. De vraag is of de nieuwe instructie deze praktijk zal of kan veranderen. Een jurist weet immers heel goed dat gedrag dat zich niet veruitwendigt, bijzonder moeilijk grijpbaar is.

R. HUYSMANS: Ja. Maar wat als de bisschop een priesterkandidaat direct vraagt: "Wat ben jij?" Wat dan? Die kwesties spelen in bisdommen in Nederland, al jaren lang. Wat moet de priesterkandidaat dan doen? Moet hij gaan liegen?

E. VANDEN BERGHE: Het onderscheid tussen het *forum internum* en *forum externum* bestrijkt een veel groter gebied dan dat van de seksuele geaardheid. Met het zorgvuldige handhaven van dat onderscheid staat of valt trouwens de geloofwaardigheid van een seminarie. Voorts zou ik willen zeggen, om de vraag van monseigneur Huysmans rechtstreeks te beantwoorden, dat ikzelf hetero ben. Als seminarierector moet je dat op de duur wel gaan zeggen. Overigens is de vraag die de bisschop moet oplossen wanneer hij een beslissing neemt over het al dan niet wijden van een kandidaat niet of deze laatste homo dan wel hetero is, maar wel of hij op affectief gebied tot volwassenheid is gekomen.

A. VAN DER HELM: Ik denk dat de instructie aan de bisschop een soort vrijbrief geeft om aan een priesterkandidaat te vragen of hij homo of hetero is. In het verleden wist de bisschop, die rekening hield met de traditie die bestaat met betrekking tot het *forum internum*, dat hij deze vraag eigenlijk niet mocht stellen. Ten gevolge van de instructie lijkt het nu alsof de bisschop moreel plotseling het recht verwerft om naar de seksuele geaardheid te peilen, wat hij volgens mij niet zou mogen doen.

Ik heb nog een ander puntje dat betrekking heeft op de integratie van de homoseksualiteit in iemands persoonlijkheid. De instructie legt de nadruk op de geaardheid tout court. Maar ze heeft niets te melden over de vraag hoe je daar dan verder mee omgaat. Dat lijkt mij een grote misser. Trouwens, ook heteroseksuelen kunnen met hun geaardheid in de problemen komen wanneer zij voor het priesterschap opteren.

A. BEYNE: Als psychiater ben ik absoluut buitenstaander in de juridische discussie. Wat mij bizar overkomt is dat men aan de ene kant homoseksualiteit heel menselijk wil benaderen, maar aan de andere kant gaat het document er vanuit dat iedereen zomaar meteen duidelijkheid over zijn eigen seksuele geaardheid verkrijgt. De instructie gaat er precies vanuit dat iedereen duidelijk weet of hij homo of hetero is. Maar dat is niet zo. Mensen kunnen daar best verward over zijn. De wijze waarop de instructie is geformuleerd, kan een groeiproces belemmeren. Seminaristen voelen zich ingekneld. Ze worden voor allerlei pijnlijke dilemma's geplaatst. Als je zegt dat je homo bent, lig je eruit. Als je het verzwijgt lieg je. Die scherpe keuze is een onmogelijke zaak wanneer je mensen moet begeleiden in een groeiproces. Als psychiater zou ik daar niet kunnen mee werken.

R. TORFS: Ik zou twee punten willen aanhalen die te maken hebben met de verplichting van kandidaten om zich te uiten over hun seksuele neigingen. Een eerste punt: het moet gaan over diepgewortelde homoseksualiteit. Maar hoe moet je dat begrip interpreteren bij mannen die op heel jonge leeftijd tot priester worden gewijd, wat vroeger vaker gebeurde dan nu? Misschien krijgen de homoseksuele neigingen pas na de wijding diepe wortels. Het tweede punt heeft betrekking op de interventie van Ruud Huysmans. Hij vraagt zich af: mag je liegen? Ik vind dat een essentiële vraag in het leven. Maar het gaat niet om de leugen tout court. Je kan de vraag toespitsen. Dan luidt ze: mag je liegen wanneer een vraag wordt gesteld die niet gesteld had mogen worden? Meteen krijgt de vraag een andere teneur. Het zou wel eens kunnen dat de instructie, wanneer zij eist dat mensen zich outen met betrekking tot een niet in de praktijk gebrachte seksuele geaardheid, iets doet wat eigenlijk niet geoorloofd is, bijvoorbeeld in het raam van de bescherming van de privacy zoals canon 220 die voorschrijft. Anders uitgedrukt, als de overheid een ongeoorloofde vraag stelt, moet je dan naar waarheid antwoorden, of mag je met enige zin voor elegantie en vriendelijkheid glashard liegen.

M. VENTURA: Ik vraag mij af waarom de Kerk zich juist op dit aspect van het priesterschap richt op een ogenblik dat het priesterschap zelf hoe langer hoe meer problematisch wordt, eerder dan homoseksualiteit. Indien de synode 1990 op een vaardiger manier de globale thematiek van het priesterschap had aangesneden, zou er nu geen nood bestaan aan de behandeling van deelaspecten in specifieke documenten. Vanuit een systematisch oogpunt is het duidelijk dat wij niet zozeer bezig zijn met de plaats van de priester in de gemeenschap, het wezen van het priesterschap of de vorming van de priester, maar dat we ons tot een zeer gelimiteerd deelgebied beperken. Dat is een van de grote problemen van dit document. Waarom zouden we banger moeten zijn van homoseksuele priesters dan van priesters met uiterst conservatieve politieke ideeën? Waarom is homoseksualiteit van priesters een probleem, en niet hun eventuele geldzucht? Waarom homoseksualiteit centraal stellen, terwijl we zwijgen over de relaties van priesters met vrouwen of over de plaats van vrouwen in de samenleving? Wat echt belang heeft, is de affectieve rijpheid van de priesters. Bij het lezen van het nieuwe document heb ik het gevoel dat homoseksualiteit belangrijker is dan affectieve rijpheid, terwijl het in de traditie van de Kerk net andersom was. Affectieve rijpheid ging aan alle andere vereisten vooraf. Waarom wordt in de discussie de rol van de gemeenschap niet beklemtoond? Kortom, we zouden de gelegenheid te baat moeten nemen om de problematiek van het priesterschap in haar geheel te overwegen zonder ons exclusief op de homoseksualiteit te storten.. Tot zover een eerste reflexie.

Ik maak mij minder zorgen over het externe aspect van dit onderwerp. De Kerk bevindt zich met haar afkeer tegenover homoseksualiteit en haar kritische houding ten aanzien van de verhouding tussen man en vrouw, helemaal in de lijn van wat de meerderheid op deze aardbol denkt. Op het terrein van homoseksualiteit en de positie van de vrouw zijn Europa en Noord Amerika de uitzondering, terwijl de rest van de wereld en de Kerk de regel zijn. De Kerk volgt dus het meerderheidstandpunt. Je zou kunnen zeggen dat de Kerk de Europese en Amerikaanse opvatting een krachtig halt toeroept vanuit een globale mondiale wijsheid die in andere continenten overeind is gebleven. Eigenlijk gaat het dus om een confrontatie tussen een minoritair westers systeem dat gelijkheid tussen man en vrouw voorstaat en homoseksualiteit aanvaardt, en een majoritair wereldsysteem dat het daar niet mee eens is en waarbij de Katholiek Kerk hoort. Op dit terrein zit de Kerk dus veilig. Maar, zoals aangegeven, de discussie over homoseksualiteit van priesters is een hele andere zaak. Hier reageert de Kerk zonder een globale visie en is ze vatbaar voor kritiek.

A. MAN DER HELM: De Kerk vertrekt van een veronderstelling. En die veronderstelling is: homoseksualiteit leidt tot problemen. Maar is daar wel voldoende wetenschappelijk onderzoek voor verricht? Te gemakkelijk wordt een impliciete link gelegd tussen pedofilie en homoseksualiteit. Daardoor krijgen wij nu een document dat eigenlijk preventief is bedoeld maar er repressief uitziet. De onderliggende gedachte is dat het met het priesterschap vandaag uitstekend gaat, maar dat de homoseksualiteit een probleem is. Als homoseksuele priesters niet langer worden toegelaten, zit alles weer goed en is er geen vuiltje aan de lucht meer. Toch ligt het probleem veel dieper. Wat doe je met een celibatair priesterschap dat aan mannen is voorbehouden in een cultuur en een samenleving die daar heel anders naar kijken? Op dat vlak biedt de instructie absoluut geen oplossing.

A. BEYNE: Als psychiater kan ik mij daar alleen maar bij aansluiten. Ik denk dat de instructie eerder een achterhoedegevecht is. Het centrale probleem is hoe mensen omgaan met hun seksualiteit en dat geldt voor alle mensen, of ze nu priester zijn of niet. Als ik naar mijn patiënten kijk, merk ik dat heel wat mensen worstelen met seksualiteit, ook gehuwde heteroseksuele mensen. Dat geeft aanleiding tot seksuele onvrijheid, bijvoorbeeld in een gezin. En dan gaat het niet over de vraag hoeveel zin de ene heeft en hoe weinig de andere, dat is niet de vraag. Het komt erop aan om je seksualiteit te integreren in een relatie. Dat is het kernprobleem. Wanneer je dat gaat toespitsen op een geaardheid, ben je met iets bezig dat eigenlijk niet relevant is. Zo zou ik mij bijvoorbeeld als psychiater kunnen specialiseren in roodharigen die worden gepest. Daarbij is de roodharigheid geen punt. Het is het gepest worden waar het omgaat. Het omgaan met gepest worden.

F. VANISTENDAEL: Het betoog op medisch en psychiatrisch vlak vind ik overtuigend. Maar er zou een antropologisch probleem kunnen zijn. Jammer dat we hier vandaag geen antropoloog in ons midden hebben.

A. BEYNE: Mag ik even repliceren op wat u daarnet zei? Over het feit of homoseksualiteit al dan niet een ziekte is, is inderdaad gestemd. Het is allemaal niet zo eenvoudig. De geneeskunde benadert de mens. Het studieobject van de geneeskunde is de mens in zijn geheel. Dat is heel veel. Daar kan veel bij mislopen, zoals er ook erg veel te bekijken valt. Als we eerlijk zijn, moeten we toegeven dat onze kennis de hoogte van het mos niet echt overstijgt. Geneeskunde is geen zuivere, maar een toegepaste wetenschap. Antropologie is dat eigenlijk ook. Met betrekking tot de stemming over homoseksualiteit en pathologie kan ik zeggen dat een stemming nu dezelfde richting zou uitgaan als in 1973. Alleen, de meerderheid die homoseksualiteit niet langer als een ziekte ziet, zou vandaag ongetwijfeld groter zijn. De keuze om homoseksualiteit niet als een stoornis te beschouwen, maak ik niet vanuit een politieke of ideologisch overtuiging. Ik maak de keuze op basis van wetenschappelijke inzichten en een dagelijkse klinisch praktijk. Antropologie speelt daarbij overigens een rol.

M. VENTURA: De positie van de Kerk steunt op twee pijlers, namelijk de moraal en de natuur. Dat is een heel slimme strategie. Wanneer de Kerk aan de externe samenleving vraagt om huwelijken tussen mensen van hetzelfde geslacht niet te accepteren, doet ze dat niet met een louter morele argumentatie. Integendeel, ze mikt op de tweede invalshoek en voert aan dat het erkennen van homoseksuele huwelijken tegen de natuur indruist, tegen een natuurlijke waarheid. Zulks impliceert dat psychiaters, als zij de Kerk willen aanspreken, op twee verschillende niveaus moeten argumenteren, namelijk op het ethische en op het wetenschappelijke niveau.

A. BEYNE: Wanneer wij als artsen een bepaald gedrag al dan niet als een stoornis beschouwen, dan doen wij dat vanuit een lezing van de natuur. Wat mij wat verwondert, maar ik beken dat ik geen theoloog ben, is het volgende. Waar haalt iemand het recht vandaan om te beweren dat hij de wetten van de natuur kent en dat hij op basis van deze kennis een bepaald gedrag al dan niet ongeordend kan noemen? Ik zou dat als gelovige niet kunnen zeggen. Wie kan claimen de natuur te kennen? Niemand. Dat is ook een wetenschappelijke uitspraak. Niemand kent de natuurwet. Laat ik het wat verder drijven. Je zou kunnen aanvoeren dat je, om tot voortplanting te komen, de twee geslachten nodig hebt. Dat is een gedachte die niet zonder grond is. Tegelijk stel ik vast dat veel mannen zich eigenlijk bijzonder graag voortplanten en dat ze daarom veel vreemd gaan. Dat lijkt mij een natuurlijk gegeven. De mannen volgen hun voortplantingsdrang en gaan vreemd. Maar kan je dan aanvoeren dat dit een natuurwet is?

Verder zou je kunnen zeggen dat homoseksualiteit, consequent toegepast, tot het uitsterven van de mensheid leidt. Toch stellen we vast dat, hoewel homoseksualiteit al duizenden jaren bestaat, zij er toch niet in geslaagd is om de mensheid te doen uitsterven. Ook dat is een gegeven.

Kortom, laten wij ons hoeden om de kennis van de natuurwet te claimen. Als psychiater pak ik de problemen veel simpeler aan. Als mensen moeite hebben met iets, probeer ik te kijken waar het probleem zit en hoe ik hen kan helpen.

M. VENTURA: Ik voel heel veel voor uw visie, maar de Kerk bekijkt het anders. Dat brengt ons terug tot de rechtstechnieken die eerder aan de orde waren.

A. BEYNE: Een probleem lijkt mij te zijn dat de Kerk een hele constructie bouwt op een intellectueel wankel fundament. Natuurlijk is het zo dat heel wat mensen die je op straat ontmoet, homoseksualiteit spontaan zullen afwijzen als onnatuurlijk. Maar dat betekent nog niet dat het inderdaad om een abnormaal verschijnsel gaat. Homo's en vrouwen hebben voor mij één ding gemeenschappelijk: ik versta niet waarom ze op mannen vallen. Ik versta niet waarom vrouwen op mannen vallen, en ik versta niet waarom mannen op mannen vallen. Ik zie niet wat ze in een man zien maar ik heb er geen probleem mee.

R. TORFS: Over moraal en natuur in de Kerk graag het volgende. Vooreerst denk ik dat het begrip *natuur* zoals de Kerk dat vandaag hanteert, sterk afwijkt van de natuur in het dagelijkse taalgebruik. De Kerk verbindt de natuur met één specifieke antropologisch visie. De notie *natuur* zoals we die vandaag in het canonieke recht kennen, is van neonthomistische oorsprong, wat nog niet betekent dat ze aansluit bij het denken van Sint Thomas zelf. In het neonthomisme heeft het woord *natura* een hoge ideologische betekenis die afwijkt van het oorspronkelijke denken over de natuur. Tot zover een eerste opmerking.

Vervolgens is er de moraal; We stellen vast dat de Kerk ethische normen hanteert wanneer zij een rol kunnen vervullen in een bepaalde context. Zo verwerpt de Kerk homoseksueel gedrag als ethisch verkeerd. Het punt is nu echter dat mensen die gelijke rechten voor homoseksuele verdedigen dat ook doen vanuit een morele overtuiging. En dat wordt vaak vergeten. Anders uitgedrukt, het streven naar gelijkheid tussen mensen vanuit perspectief van fundamentele rechten wordt door de Kerk te vaak gezien als een louter juridische norm die niet wordt onderbouwd door morele waarden. Dat is een eenzijdige benadering. De ene opvatting wordt beschouwd als louter wettelijk, de andere als diep ethisch, terwijl beide benaderingen een ethisch fundament hebben, zij het niet hetzelfde.

Ik heb nog een derde probleem. Peter Erdö, een canonist die op dit ogenblik kardinaalaartsbisschop van Boedapest is, heeft in zijn boek 'Teologia di diritto canonico' geschreven over de hiërarchie tussen de rechtsnormen in de Kerk. Hij trad daarbij in dialoog met bekende auteurs uit de Opus Dei school zoals Pedro Lombardía en Javier Hervada, die allebei probeerden modellen uit te werken voor een kerkelijk constitutioneel recht. Erdö wees deze pogingen niet af, maar beklemtoonde toch dat het hele constitutionele systeem, met inbegrip van de complete interne hiërarchie, moest wijken voor hogere normen en waarden. Die hogere normen bevatten onder meer het goddelijk recht en het natuurrecht. Voor Erdö was het onmogelijk dat fundamentele mensenrechten voorrang zouden hebben op zelfs maar de kleinste norm die van het goddelijk of het natuurrecht deel uitmaakt. Dat blijft voor mij een zeer belangrijke gedachte. Ik beweer niet dat Peter Erdö kardinaal is geworden omdat hij deze gedachte heeft geformuleerd. Maar wat hij zei blijft van wezenlijk belang. Het hele canonieke rechtssysteem, hoe mooi opgebouwd ook, kan altijd worden doorkruist door hogere normen (goddelijk recht, natuurrecht) die per definitie voorrang hebben. Het rechtssysteem kan op gelijk welk ogenblik onderbroken worden.

VRAAG UIT HET PUBLIEK: Homoseksualiteit wordt dus niet langer als een psychische ziekte beschouwd. Maar wat betekent dat voor een diepgewortelde homoseksualiteit die een gezonde relatie met zowel mannen als vrouwen zou verhinderen?

A. BEYNE: Als je vanuit het identiteitsmodel vertrekt, zoals ik doe, zie ik niet goed in waarom een diepgewortelde homoseksualiteit tot een gebrekkige relaties met mannen en vrouwen zou moeten leiden. Doen hetero's het dan beter? En wat te zeggen over iemand die helemaal geen zin heeft in seks? Ik denk dat de eerlijkheid waarmee men met zichzelf kan omgaan een basisvoorwaarde is om anderen om te gaan. Natuurlijk is niemand helemaal zuiver. Het kan niet dat nergens in ons psychische leven donkere kantjes te vinden zijn. Als je op dat terrein eerlijk bent met jezelf, kan je ook eerlijk zijn tegenover anderen. Zeggen dat iemand die homoseksueel is geen normale relatie kan hebben, is een gedachte waarin ik mij vanuit een psychiatrisch oogpunt niet kan vinden. Ook met een heteroseksueel kan het soms raar lopen. Het is niet omdat je een heteroseksueel bent dat je plotseling achter alle vrouwen aan moet lopen als je getrouwd bent of als je niet getrouwd bent.

R. VERSTEGEN: Hoe ziet u het maatschappelijke klimaat met betrekking tot homoseksualiteit evolueren?

A. BEYNE: Die evolutie is niet altijd goed, en daarom zouden wij de mensen beter moeten informeren. De mensen, en ook de Kerk. Dat deze laatste argwanend blijft tegenover psychoanalisten is niet geheel onbegrijpelijk, omdat laatstgenoemden nogal eens de neiging hebben hun eigen theorie als algemeen toepasbaar te gaan beschouwen. Dat is zonder twijfel te eng. Over homoseksualiteit kunnen we alvast zeggen dat het om een minderheidsverschijnsel gaat en dat vooral in onzekere tijden minderheden het soms zwaar te verduren krijgen. Vandaar ook een nieuwe trend in de richting van meer homofobie bij jongeren. Het is belangrijk dat de

Kerk goed wordt geïnformeerd om in deze nieuwe trend niet zomaar mee te lopen.

R. TORFS: Ik kreeg vier vragen aangereikt, die ik kort zal behandelen.

De eerste vraag werd door voorzitter Vanistendael gesteld en betreft mogelijke gelijkenissen tussen fiscaal en kerkelijk recht. Ook in het fiscale recht is er een trend in de richting van meer bevoegdheden voor de uitvoerende macht ten koste van de wetgevende. Een verschil tussen het fiscale en het kerkelijk recht blijft echter dat er in de Kerk geen scheiding van machten bestaat. Er is dus evenmin sprake van een competitie tussen verschillende personen die op verschillende plekken zitten, tussen de wetgevende en de uitvoerende macht bijvoorbeeld. In de Kerk liggen de kaarten volledig anders. Daar gaat het om de keuze die de hiërarchie maakt tussen de verschillende rechtsinstrumenten die haar ter beschikking staan. Het is dezelfde centrale overheid in Rome die kan besluiten nu eens voor een algemeen decreet te kiezen en dan weer eens voor een instructie. Kortom, op dit vlak is het verschil met het fiscaal recht notoir. Omdat er geen scheiding van machten bestaat beschikt de Kerk trouwens niet over een onafhankelijke rechtspraak. Onpartijdig kan deze laatste wel zijn, maar onafhankelijk niet, want de drie machten berusten in de handen van een zelfde instantie.

De tweede vraag betreft het verband tussen de instructie en de stilte. Als de overheid geen instructie uitvaardigt, kan je niet zeggen dat er niets gebeurt. Bijvoorbeeld als een overheid niets speciaals te melden heeft over de homoseksuele geaardheid van potentiële priesterkandidaten, dan vallen we terug op het algemene canonieke recht waaronder het recht op privacy zoals dat wordt beschermd door canon 220. Wanneer nu een instructie het stilzwijgen doorbreekt, doet zij meer dan een regel uitvaardigen voor een situatie die vroeger ongeregeld bleef. Want de schijnbare stilte die weleer bestond was niet alleen maar een stilte. Ze was tegelijkertijd een tacite van het recht op privacy. Kortom, wanneer een instructie plotseling zegt dat priesterkandidaten niet homoseksueel mogen zijn, vervangt deze instructie niet alleen de stilte maar beperkt zij ook het fundamentele recht op privacy zoals dat in het kerkelijk wetboek wordt geformuleerd.

De derde vraag luidt als volgt: kent het kerkelijk recht een recht op verdediging toe aan een kandidaat die op basis van de nieuwe instructie wordt geweerd? Zo ja, hoe? Vooreerst kan de instructie nooit rechtstreeks worden aangevochten. Per definitie is zij een document dat door een hogere overheid wordt uitgevaardigd ten behoeve van een lagere die met de uitvoering van de wet is belast. De vraag die derhalve werkelijk telt is hoe de lagere overheid, doorgaans de bisschop, de instructie in de praktijk omzet. Als hij slim is, weigert hij de kandidaat zonder rechtstreeks aan zijn homoseksuele geaardheid te refereren. Maakt hij toch melding van die homoseksualiteit, dan is in theorie een hiërarchisch beroep in de zin van canon 132 en volgende mogelijk. De hiërarchische overheid van de bisschop krijgt dan de kans om zich over de legaliteit en opportuniteit van de genomen maatregel uit te spreken. Is de afgewezen kandidaat ook dan nog niet tevreden, dan kan hij een administratieve rechtbank vatten, namelijk de tweede sectie van de apostolische signatuur, zoals canon 1445 §2 dat voorschrijft. Maar eerlijk gezegd, een realistische oplossing is dat allerminst. De afgewezen homoseksuele priesterkandidaat zal in Rome geen gelijk halen. Dit alles impliceert dat de concrete draagwijdte van de nieuwe instructie eigenlijk wordt bepaald door de bisschop, die over een grote discretionaire bevoegdheid beschikt bij het in de praktijk brengen van de instructie. Kortom, wie de praktische implicaties van de nieuwe instructie zoveel mogelijk wil beperken, moet niet meteen naar Rome gaan lopen om zijn gelijk te halen. Hij doet er beter aan om de bisschop te beïnvloeden zodat deze laatste aan de nieuwe instructie zo weinig mogelijk concrete gevolgen hecht.

Tenslotte is er de vierde en laatste vraag: bestaat er een rechtsgrond in het kerkelijk recht die de gelovige helpt om te weigeren burgerlijke wetten uit te voeren, zoals bijvoorbeeld bij het registreren van homohuwelijken in Spanje? Hier moeten we een onderscheid maken tussen het huwelijk in de Kerk en het huwelijk in de Staat. Het homohuwelijk is mogelijk binnen de huwelijksvisie die de Staat er op nahoudt. De Kerk bekijkt het huwelijk anders en is van mening dat het verschil in geslacht er een essentieel onderdeel van is. Het verwarrende is dat in beide gevallen over het huwelijk wordt gesproken en dat de indruk wordt gewekt dat het telkens om dezelfde instelling gaat, waarbij alleen een verschil van competentie bestaat, die nu eens bij de burgerlijke, dan weer bij de kerkelijke overheid ligt. Hoewel ik weet dat niet iedereen mijn mening op dit vlak deelt, denk ik dat het burgerlijke en het kerkelijke huwelijk zover uit elkaar zijn gegroeid dat je hen nauwelijks nog hetzelfde instituut kan noemen. Het burgerlijk en het kerkelijk huwelijk overlappen elkaar minder dan ooit tevoren. Opvallend is overigens hoe de Kerk elke vorm van al dan niet geïnstitutionaliseerde samenleving afwijst. Dat betekent bijvoorbeeld de verwerping van het geregistreerde partnerschap als volledig waardeloos. Dat laatste blijft een heikele onderneming. De Nederlandse bisschoppen, die eerst het geregistreerde partnerschap in hun land gewoon verwierpen, moesten daarna toch duidelijker stelling nemen toen bleek dat een vooraanstaand priester een geregistreerd partnerschap was aangegaan met een vrouw.

R. VERSTEGEN: Ik hoorde dat de instructie voor sommige bisschoppen een soort vrijbrief zou kunnen zijn om aan priesterkandidaten dingen te vragen die ze eigenlijk niet zouden mogen vragen. Rik Torfs vroeg zich in dat verband af: mag je liegen als antwoord op een vraag die eigenlijk niet had mogen worden gesteld? Ik heb ooit eens gelezen, maar ik sta niet in voor de historische waarheid van wat nu volgt, dat Kardinaal Van Roey een proefschrift zou hebben gemaakt over de vraag wat liegen eigenlijk is. Liegen is, aldus de schrijver, iemand de verschuldigde waarheid onthouden.

E. MORGAN: Professor Ventura meldde dat we ons niet al te veel zorgen moeten maken over het bestaan zelf van een instructie. Maar mijn vraag is: welke betekenis heeft dit document? Vrijwel alle wetten hebben een bepaalde bedoeling. In dit geval lijkt de bedoeling mij duidelijk de immuniteit van de bisschop te zijn tegenover een mogelijke schadeclaim ten gevolge van het handelen van een priester die beter niet de wijding had ontvangen. Een vraag blijft voor mij of het wel legitiem is dat de bisschop een kandidaat al met vragen overstelpt nog voor hij tot het seminarie wordt toegelaten. En een verdere vraag betreft de mogelijke weigering van de kandidaat om te antwoorden. Wat kan er in dat geval gebeuren.

A. VAN DER HELM: Wat de eerste vraag betreft, ben ik van mening dat de bisschop inderdaad in de fase die aan het intreden in het seminarie voorafgaat, de vraag over homoseksuele ervaringen niet zou mogen stellen. Want zelf al zou het antwoord op de vraag *ja* luiden, wat dan nog? Wat kan je uit vroege homoseksuele ervaringen afleiden? De tweede vraag van de heer Morgan betreft de weigering van een kandidaat om op een gestelde vraag betreffende homoseksuele activiteiten te antwoorden. Het probleem is natuurlijk dat de weigering om te antwoorden op een bepaalde wijze zal worden geïnterpreteerd. Dus word je gedwongen om te liegen, maar echt liegen is dat dus blijkbaar niet omdat het niet om de verschuldigde waarheid gaat. Toch mag de vraag niet worden gesteld, denk ik, want je brengt er iemand op illegitieme wijze mee in de problemen.

M. VENTURA: De reden die de heer Morgan opgeeft voor het uitvaardigen van de instructie is zeker pertinent. Toch denk ik dat er nog een tweede reden is die verklaart waarom het nieuwe document er kwam. Die reden is de zoektocht naar synergie tussen enerzijds de externe strategie van de Kerk om parlementen te vragen niet tot het legaliseren van homohuwelijken over te gaan, en anderzijds de houding tegenover de homoseksuele geaardheid in het algemeen zoals de Kerk die ziet. Deze strategie wordt niet altijd bewust gevolgd, soms geschiedt dit alles ook onbewust.

Er is trouwens nog iets anders aan de hand. Degenen die de instructie opstelden, hebben er wellicht bedoelingen mee die beter passen bij een Italiaanse dan bij een noordelijke rechtscultuur. In Italië hebben wetten vaak een voornamelijk symbolisch karakter, zonder dat ze daarom ook heel concreet in de praktijk moeten worden omgezet. Zo komen we tot een wat vreemde situatie: mensen uit het zuiden vaardigen de wet uit, en mensen uit het noorden passen hen toe.

A. VAN DER HELM: Het zou inderdaad wel eens kunnen dat de instructie past in een groter strategisch plan dat ruimte laat voor nieuwe coalities. Zo zijn er een aantal morele standpunten die de Kerk deelt met de Islam.

R. VERSTEGEN: Professor Ventura zegt dat de Kerk het recht heeft om haar standpunt te verdedigen, ook met betrekking tot homoseksualiteit. Toch heb ik vragen wanneer ik aan de toekomst denk. We stellen namelijk ook vast dat het recht om niet te worden gediscrimineerd in een internationaal juridische context alsmaar aan belang wint. Dat zou de Kerk wel eens zuur kunnen opbreken, en is wellicht voor de Islam nog een veel groter probleem.

M. VENTURA: Conflicten lijken mij inderdaad zeer wel mogelijk. Het antwoord dat de katholieke kerk geeft, hangt sterk af van het territorium waarop zij opereert. Zo kunnen de Italiaanse bisschoppen zonder grote problemen fel van leer trekken tegen homoseksualiteit, iets wat voor hun Nederlandse collega's veel moeilijker zal zijn. Belangrijk is verder hoe de katholiek kerk zal weten om te gaan met de nieuwe speler die de Europese Unie is. Op dit terrein bestaat er geen geschiedenis om op terug te vallen. Alles is nieuw. Met het Italiaanse parlement weet het Vaticaan wonderwel om te gaan. Maar de Europese Unie, het Europese Hof van Justitie in Luxemburg en het Europees Hof voor de Rechten van de Mens in Straatsburg zijn op het vlak van lobbying een nog grotendeels onontgonnen terrein.

F. VANISTENDAEL: Dit is de Onclin Chair. Wat u niet weet, is dat monseigneur Onclin jarenlang mijn naaste buur is geweest. Ik heb ook zijn colleges gevolgd, encyclopedie van het recht, kerk en staat. Eén zinsnede van monseigneur Onclin is mij altijd bijgebleven: Er is maar één grootheid die een idee kan geven van de oneindigheid, en dat is de menselijke dwaasheid. Ik hoop dat we met de discussie van vandaag hebben getoond dat de menselijke dwaasheid eindig is.